NICO RICHTER
MICHAELA SCHNEIDER

PALEO

POWER EVERY DAY

FOTOS SILVIO KNEZEVIC

EAT • MOVE • SLEEP • FEEL
120 NEUE REZEPTE

CHRISTIAN

STAUB
STAUB

INHALT

LOS GEHT'S

Paleo bedeutet für die meisten in erster Linie gesunde Ernährung. Für uns ist es viel mehr geworden: Ein Lifestyle, der alle Lebensbereiche berührt. Die Art, wie wir essen, uns bewegen, schlafen, unsere Freizeit verbringen – überall lohnt sich die Frage: Für was ist der menschliche Körper durch die Millionen Jahre andauernde Evolution eigentlich ausgelegt? Sind wir heutzutage von unserer eigentlichen Bestimmung »entwurzelt«? In diesem, unserem zweiten Buch blicken wir über den Tellerrand hinaus. Aber keine Angst: Natürlich spielen die Rezepte wieder die Hauptrolle. Wir wollen beweisen: Paleo ist nicht nur gesund, sondern auch abwechslungsreich und lecker.

GESUNDHEIT UND GENUSS

In schier unzähligen Küchenexperimenten haben wir für dieses Buch 120 kreative Paleo-Rezepte gezaubert. Ob für das Frühstück, die Lunchbox oder für Gäste: Uns ist wichtig, dir das passende Gericht für jede Gelegenheit zu geben. Einfach und schnell zubereitet. Mit leicht erhältlichen Zutaten. Getestet von ausgewählten Lesern unseres Blogs *www.paleo360.de*. Wir wollen, dass unsere Rezepte gut zu deinem Alltag passen und Paleo für dich unkompliziert bleibt.

DER PALEO-LIFESTYLE

Im Gegensatz zu den herkömmlichen Mode-Diäten ist das Paleo-Konzept zeitlos und nachhaltig. Schließlich hat es die Evolution entwickelt und keine Frauen-Zeitschrift. Eines wissen wir inzwischen durch das Feedback auf unser erstes Buch »PALEO – Power for Life« und unseren Blog ganz genau: Essen wie die »Jäger und Sammler« macht gesund und fit. 30 Tage Paleo-Ernährung sind schon ein Riesenerfolg, markieren aber nur den ersten großen Schritt auf dem Weg hin zum Paleo-Lifestyle. In diesem Buch möchten wir dir daher aufzeigen, wie wir unserem Körper wieder all das geben können, was er wirklich braucht, um **(wieder) ins Gleichgewicht zu kommen**: Gesundes Essen, korrekte und ausreichende Bewegung, qualitativ hochwertigen Schlaf, reduzierten Stress und eine enge Verbindung mit der Natur. Der Paleo-Lifestyle wird dein Leben verändern, das können wir nach eigenen Erfahrungen bestätigen. Denn eine **Rückbesinnung** auf unsere natürlichen Verhaltensformen macht uns ausgeglichener, gesünder und glücklicher. Wir beide schlafen inzwischen besser, sind gelassener geworden und vor allem in der Natur rundum zufrieden. So ist für uns aus der Paleo-Ernährung ein ganzheitlicher Paleo-Lifestyle geworden, den wir jetzt an dich weitergeben möchten.

DIE PALEO360°-CHALLENGE

Klar, in der Theorie ist vieles leicht zu verstehen und schlau darüber reden kann jeder. Deswegen haben wir den Paleo-Lifestyle in eine Challenge verpackt, die im Alltag leicht umsetzbar ist und alle wichtigen Faktoren für Gesundheit und Wohlbefinden anspricht. **Rundum Paleo**, also dreihundertsechzig Grad – daher Paleo360°-Challenge. Probier es aus: 30 Tage oder länger nicht nur Paleo essen, sondern auch ganzheitlich leben. Ob nur du allein oder zusammen mit Freunden und Kollegen als gemeinsame Herausforderung. Mach mit: Als Challenge verpasst du deiner Lifestyle-Umstellung einen spielerischen Charakter und hältst leichter durch!

EAT real food. MOVE naturally. SLEEP to recover. FEEL your instincts.

Paleo-Neuling oder alter Paleo-Hase? Ganz egal wie du das Buch nutzt, wir würden uns freuen, dich auf deinem persönlichen Paleo-Weg begleiten zu dürfen. Ob nur mit den Rezepten, mit der Paleo360°-Challenge auf dem Weg zu einem ganzheitlichen Paleo-Lifestyle oder als aktives Mitglied der Community auf unserer Website.

Eure Michaela und Nico

DER RICHTIGE EINSTIEG FÜR MICH

Ich hab Hunger, gib mir Rezepte! ➡ S.20

Halt, Stopp.
Was ist die Paleo-Ernährung? ➡ S. 203

Super, eine Challenge!
Was muss ich tun? ➡ S. 10

Äh, was ist ein Paleo-Lifestyle? ➡ S. 201

DIE PALEO360° CHALLENGE

WIR FORDERN DICH HERAUS!

Der große gesundheitliche Erfolg unserer Leser durch die Umstellung auf die Paleo-Ernährung hat gezeigt: Mit dem logischen Paleo-Konzept und seinen einfachen Regeln kann jeder Einzelne seine Ernährung nachhaltig gesünder gestalten.

Da drängte sich uns die Frage auf: Warum die 30-tägige Umstellung »nur« auf die Ernährung begrenzen? Es gibt noch so viele andere Einflüsse auf unser körperliches und geistiges Wohlbefinden, sodass man sich auch in anderen Lebensbereichen auf die ursprüngliche Lebensweise rückbesinnen sollte.

PALEO IST EIN LIFESTYLE UND KEINE DIÄT!

EAT real food - Ernähre dich von natürlichen und unverarbeiteten Lebensmitteln. Eben Paleo.

MOVE naturally - Bewege dich wieder mehr und auf natürliche Art, so wie dein Körper das von dir erwartet.

SLEEP to recover - Gönne dir die Zeit für Schlaf und Erholung, die dein Körper wirklich braucht.

FEEL your instincts - Reduziere Stress, genieße Zeit mit Freunden, Familie und in der Natur.

Ausführliche Erklärungen zu den einzelnen Bereichen findest du ab S. 201.

Mit der Paleo360°-Challenge gehen wir also einen Schritt weiter und fordern dich heraus, nicht nur deine Ernährungsweise, sondern deinen kompletten Lebensstil für 30 Tage oder länger aus der Paleo-Sicht zu betrachten und dementsprechend zu optimieren.

Die Säulen der Paleo360°-Challenge sind:

- **Ganzheitlichkeit:** Alle für die Gesundheit wichtigen Bereiche sollten abgedeckt werden, denn was bringt dir eine gesunde Ernährung, wenn du zu wenig schläfst und dich kaum bewegst?
- **Konsequenz:** Dabeibleiben ist alles. Die 30 Tage strikte Umsetzung helfen dir, Gewohnheiten zu formen und deine Ziele zu erreichen.
- **Messbarkeit:** Was messbar ist, wird sichtbar. Notiere daher täglich deine Erfolge, gib dir Punkte, miss deinen Fortschritt und lerne so über dich, deine Motivation, deine Stärken und deine Schwächen.
- **Motivation:** Lass dich nicht von deinem Weg abbringen! Absolviere die Challenge mit Freunden, Familie oder Kollegen. Vergleiche dich mit deinem Team und steigere so die Motivation.

MACH MIT!

30 kurze Tage haben unser Leben verändert, und wir wollen, dass sie auch dein Leben verändern. Also mach mit, nimm deine Paleo360°-Challenge ernst und feiere fantastische Erfolge! Am Ende wirst du dich gesünder, ausgeglichener und fitter fühlen.

DIE PALEO360°-CHALLENGE
REGELN

Vier Bereiche, vier einfache Regeln, für jeden umsetzbar – das ist die Paleo360°-Challenge. Die Challenge dauert mindestens 30 Tage. Das ist die Zeit, in der du die ersten positiven Veränderungen wirklich spürst. Besonders die Umstellung der Ernährung dauert etwas. Sei also geduldig. Gegen eine längere Challenge, 60 Tage oder 8 Wochen, für noch bessere Ergebnisse ist natürlich nichts einzuwenden.

EAT REAL FOOD

WARUM? Vermeide schädliche Inhaltsstoffe und nährstoffarme »Dickmacher«. Versorge dafür deinen Körper gezielt mit allen wichtigen Nährstoffen. Finde die für dich langfristig optimale Ernährung.

WIE? Paleo essen: Iss Gemüse, Obst, Fleisch, Fisch, Eier, Nüsse und gesunde Fette.

Vermeide Getreide, Milchprodukte, Zucker, Hülsenfrüchte und stark verarbeitete pflanzliche Fette. **Die detaillierten Paleo Regeln findest du auf S. 203 und jede Menge leckere Rezepte ab S. 20.**

MOVE NATURALLY

WARUM? Unsere Körper sind für Bewegung ausgelegt. Eine gesunde Mischung aus Kraft-, Ausdauertraining und lockerer Bewegung hat positiven Einfluss auf Körper, Geist und Seele und bietet dir einen Ausgleich zu unserem oft körperlich inaktiven Alltag.

WIE? Paleo bewegen: Bewege dich jeden Tag. Absolviere entweder ein intensives Workout, das deinem Leistungsstand angemessen ist (mindestens 15 Minuten), oder lockere Bewegung (mindestens 30 Minuten). Zwischen zwei intensiven Workouts solltest du einen Tag lockere Bewegung einplanen, da der Körper Zeit zum Regenerieren braucht. Kraft und Ausdauer erreichst du durch CrossFit®, Laufen, Klettern, MovNat®, Gewichtheben, Training mit dem eigenen Körpergewicht, Rudern ... Für lockere Bewegung kannst du Spazierengehen, Wandern, entspannt Radeln, Schwimmen usw.

Die Tipps und Hintergrundinfos ab Seite 207 helfen dir, die richtige Mischung an Bewegung für dich zu finden.

SLEEP TO RECOVER

WARUM? Unser Körper braucht ausreichend erholsamen Schlaf für Regeneration, langfristige Gesundheit und Leistungsfähigkeit.

WIE? Paleo schlafen: Richte dir genug Zeit ein, damit du mindestens 7 ½ Stunden schlafen kannst. Je nach Bedarf und körperlicher Aktivität auch mehr. Die Tipps und Hintergrundinfos ab Seite 209 helfen dir.

FEEL YOUR INSTINCTS

WARUM? Sich dem Alltagsstress zu entziehen, abzuschalten und unseren natürlichen Bedürfnissen und Instinkten nachzugehen sind zentrale Elemente körperlicher und geistiger Gesundheit.

WIE? Paleo entspannen: Verbringe mindestens eine Stunde am Tag »Quality Time« mit angenehmen entspannenden Beschäftigungen, z. B. Lesen, Zeit mit Freunden, dem Partner oder der Familie verbringen, Meditieren, Stricken, Musizieren, Basteln, Kochen ... Und entspanne so oft es geht draußen an der frischen Luft in der Natur. Ab S. 215 findest du Anregungen und Hintergrundinfos für deine »Quality Time«.

DAS REICHT DIR NOCH NICHT?

—

BIST DU BEREITS EIN »ALTER PALEO-HASE« UND BRAUCHST EINE EXTRA HERAUSFORDERUNG? DANN VERSUCHE DOCH NOCH DAS EIN ODER ANDERE RITUAL ZUSÄTZLICH IN DEINE CHALLENGE EINZUBAUEN. MEHR INSPIRATION FÜR GEWOHNHEITEN, DIE DIR HELFEN, DEINE GESUNDHEIT UND DEIN WOHLBEFINDEN ZU VERBESSERN FINDEST DU AUF S. 218.

ES GEHT LOS!
CHECKLISTE FÜR DEN START

Diese Challenge macht man nicht »mal eben« nebenbei, das ist uns völlig klar und deswegen ist es so wichtig, dass die Vorbereitung stimmt. Die folgenden Fragen helfen dir und sorgen dafür, dass deine Paleo360°-Challenge ein Erfolg wird.

WAS SIND DEINE ZIELE? SCHREIB SIE AUF!

Warum startest du die Challenge? Ob Abnehmen, Fitness steigern oder langfristig gesund sein – ein erfolgreiches Durchhalten ist davon abhängig, ob du deine Ziele immer im Blick hast. Schreib sie dir auf! Häng deine Ziele deutlich sichtbar auf – am besten an den Kühlschrank – und überprüfe immer wieder, ob du während der Challenge noch Richtung Ziel steuerst.

Zur Inspiration, hier die häufig genannten Ziele unserer Leser:

- Fettabbau
- Muskelaufbau
- weniger Heißhunger
- gesteigerte Fitness
- besserer Schlaf
- kein Mittagstief
- reinere Haut
- bessere Blutwerte
- Linderung von Allergien

MEHR INFOS AUF UNSERER WEBSITE
www
PALEO
360.DE

WIE GEHT ES DIR GERADE?

Um den »Voher-Nachher«-Erfolg der Challenge beurteilen zu können, halte deinen Status quo fest: Wie geht es dir? An welchen Messwerten möchtest du deinen Erfolg festmachen? Diese sind von Person zu Person unterschiedlich. Du könntest zum Beispiel folgende Informationen vor der Paleo360°-Challenge sammeln.

- Ein Foto von dir, möglichst in Unterwäsche oder körpernaher Kleidung, für deinen ganz persönlichen Vergleich,
- deinen Körperfettgehalt oder BMI (nur eingeschränkt aussagekräftig),
- dein Gewicht sowie Taillen- und Hüftumfang,

- die für dich relevanten Blutwerte, wie Blutzucker, Cholesterin, Blutfette usw.,
- deine persönliche sportliche Bestleistung (Benchmark Workout), zum Beispiel die Zeit deiner üblichen Laufrunde, die Anzahl an Kniebeugen oder Liegestützen oder eine Kombination von verschiedenen Disziplinen. Wichtig ist: Dein Benchmark Workout sollte deinem aktuellen Fitnesszustand entsprechen und dich nicht überfordern.
- Ein Tagebucheintrag von dir: Schreibe, wie es dir geht – physisch und mental – und was besser sein könnte.

DAS LIEGT UNS AM HERZEN

Gewicht, BMI oder Körperfettgehalt können zwar relative Veränderungen dokumentieren, sind aber keine verlässlichen Indikatoren für deine Gesundheit oder Fitness. Versuche dich zu verbessern, hör auf deinen Körper und lass dich nicht von Zahlen verunsichern. Dein Ziel sollte ein gutes Körpergefühl statt eine bestimmte Zahl auf der Waage sein.

ALLE VORBEREITUNGEN GETROFFEN?

Du kannst noch so motiviert sein, wenn die äußeren Begleitumstände nicht passen, ist die Paleo360°-Challenge nur schwer durchzuhalten. Achte deshalb auf Folgendes:

- **Richtiger Zeitpunkt:** Lege deine Challenge auf einen Zeitraum ohne Events, die es schwer machen, konsequent zu bleiben: Geburtstagsfeiern, Hochzeiten, Urlaube, Feiertage …
- **Info an alle:** Erzähle deinen Freunden und Kollegen von der Challenge! Wissen alle um dich herum Bescheid, fällt dir das Durchhalten im Alltag leichter und wer weiß: Vielleicht kannst du den ein oder anderen noch motivieren, sich dir anzuschließen?
- **Gute Planung:** Nutze deinen Kalender, Timer, Smartphone und Co. und plane dir genug Zeit, zum Beispiel für Einkaufen, Kochen, Sport, Schlaf oder Quality Time, ein. Vor allem die erste Woche ist entscheidend.
- **Ausmisten:** Sortiere Zutaten aus deiner Küche konsequent aus: Alles, was nicht Paleo ist, fliegt raus.
- **Einkaufen:** Gehe in Ruhe – niemals hungrig – einkaufen und besorge dir alle wichtigen Lebensmittel, bevor du mit deiner Challenge startest. Ausgefallene Zutaten kannst du auch im Internet bestellen.

GEH DEINEN WEG!

Du wirst während deiner Challenge viele Ratschläge von selbst ernannten »Gesundheitsexperten« aus deinem Umfeld erhalten. Lass dich von deren Skepsis und gut gemeinten gesundheitlichen »Weisheiten« nicht verunsichern, sondern gehe deinen Weg. Höre nicht auf zweifelhafte Studien, sondern nur auf deinen Körper. Dieser wird dir spätestens nach den 30 Tagen sagen, was gut für dich ist und was nicht.

DIE CHALLENGE IM TEAM

Die Challenge zu zweit, zu dritt oder in einem großen Team zu absolvieren erhöht nicht nur die Chance, langfristig am Ball zu bleiben, sondern bringt vor allem eine Menge Spaß.

Wir kennen das – leben wir doch mittlerweile seit mehreren Jahren den Paleo-Lifestyle – wird der eine schwach, verpasst einem der andere einen (verbalen) Tritt in den Hintern. Wir haben mittlerweile sogar einen Kalender, auf dem wir unsere Ernährungssünden und unsere Bewegungseinheiten dokumentieren. Zahlen lügen nicht und am Ende des Monats hat man einen ehrlichen Überblick. Das wiederum erhöht die Motivation und reduziert die Tage mit Paleo-Fehltritten jeglicher Art – Ernährung, mangelnder Schlaf oder Bewegung – auf ein Minimum.

So kam uns die Idee für ein **Punktesystem** passend zur Paleo360°-Challenge. Das Ziel: Die Teilnehmer motivieren, die Erfolge messbar machen und eine Gruppendynamik entfachen. Wer dann am Ende auf Platz eins steht, ist nebensächlich, denn am Ende haben alle Teilnehmer Erfolge für ihre Gesundheit zu verbuchen.

DEINE MÖGLICHEN CHALLENGE-PARTNER

- dein Partner
- dein(e) beste(r) Freund / Freundin
- deine Familie
- deine WG
- deine Abteilung / Firma
- deine CrossFit® Box
- deine Sport-Mannschaft
- dein Verein

WER HAT GEWONNEN?

Am Ende der Challenge könnt ihr den Sieger nach Punkten ermitteln. Möglicherweise habt ihr ja am Anfang sogar einen kleinen Preis vereinbart? Unabhängig davon, wer am Ende oben steht, hat natürlich jeder seine persönlichen Ziele, die er am Anfang der Challenge festgesetzt hat. Sei es die Überwindung des Mittagstiefs, eine Gewichtsreduktion oder bessere Blutwerte: Bewertet für euch persönlich – zusätzlich zum Punktesystem – wie nah ihr euren individuellen Zielen nach der Paleo360°-Challenge gekommen seid.

TIPPS FÜR DIE CHALLENGE IM TEAM

- Setzt rechtzeitig einen gemeinsamen Starttermin fest.
- Bestimmt die Dauer der Challenge: 30 Tage, die Dauer der Fastenzeit, 8 Wochen, 60 Tage – ihr entscheidet!
- Schafft eine Möglichkeit zur Dokumentation und notiert die Punkte für den Tag am Abend oder am nächsten Morgen. Eine gemeinsame Tabelle hilft.
- Falls ihr wollt, einigt euch auf eine zusätzliche Herausforderung (PLUS-Challenge, Inspirationen auf S. 218).

DAS PUNKTESYSTEM

So geht's: Für jeden Bereich, **EAT · MOVE · SLEEP · FEEL**, kannst du dir pro Tag eine gewisse Anzahl an Punkten geben. Das motiviert dich jeden Tag aufs Neue und hilft dir, die Challenge zu meistern. Die maximale Punktzahl pro Tag ist 11, mit optionaler PLUS-Challenge 12.

EAT

maximal 5 Punkte / Tag

Komplett nach den Paleo-Regeln gegessen: 5 Punkte

Leichter Verstoß: je -1 Punkt

Schwerer Verstoß: 0 Punkte für den ganzen Tag

Warum? Wir wollen nicht, dass jeder Verstoß sofort zu 0 Punkten führt, denn das Ganze soll dich ja motivieren und in manchen Situationen ist es überaus schwer, sich 100% Paleo zu ernähren. Gib dir einen Punkt Abzug für jeden leichten oder schwer zu vermeidenden Verstoß. So wirst du immerhin für deine gute Absicht belohnt und hast am Ende eines solchen »unsicheren« Tages mehr als 0 Punkte.

Beispiele für leichten Verstoß:

- Steak im Restaurant in Sonnenblumenöl angebraten
- Salatsauce enthält Zucker
- Kokosmilch enthält Zusatzstoffe

Wenn du jedoch bewusst aus der »No-Go«-Kategorie isst, hast du dich gegen deine Gesundheit entschieden und verlierst alle Punkte für diesen Tag.

Beispiele für schweren Verstoß:

- Cola oder Bier
- Pizza, Nudeln oder Brötchen
- Kuchen, Snickers und sonstige Süßigkeiten

MOVE

maximal 2 Punkte / Tag

täglich ein intensives Workout für mind. 15 Minuten oder lockere Bewegung für mind. 30 Minuten: 2 Punkte

Nicht erreicht: 0 Punkte

FEEL

maximal 2 Punkte / Tag

Mind. 1 Stunde »Quality Time«: 2 Punkte

Nicht erreicht: 0 Punkte

SLEEP

maximal 2 Punkte / Tag

In der vergangenen Nacht mehr als 7 ½ Stunden Zeit zum Schlafen: 2 Punkte

Das zählt auch: 7 Stunden nachts + ½ Stunde Mittagsschlaf: 2 Punkte

7 bis 7 ½ Stunden Zeit zum Schlafen: 1 Punkt

Weniger als 7 Std. Zeit zum Schlafen: 0 Punkte

PLUS

maximal 1 Punkt / Tag (optional)

PLUS-Challenge nach Wahl erfüllt: 1 Punkt

Nicht erreicht: 0 Punkte

Warum? Teams, die spezielle Ziele oder Spaß an zusätzlichen Herausforderungen haben, können sich noch auf eine Extra-Challenge einigen. Passende **Ideen** dazu gibts auf S. 218.

PUNKTEPLAN

So könnte ein Punkteplan in deinem Team aussehen:

	Nico	Michaela
Tag 1 (Summe)	10	12
EAT	4	5
MOVE	2	2
SLEEP	2	2
FEEL	2	2
PLUS	0	1
Tag 2 (Summe)	11	9
EAT	5	4
MOVE	2	2
SLEEP	1	2
FEEL	2	0
PLUS	1	1
...	...	...
Summe Teilnehmer	21	21

Punktesystem und Wettbewerb sind natürlich freiwillig. Aber mal ganz ehrlich, gemeinsam im Team mit ein wenig Ansporn untereinander macht eine solche Challenge doch gleich viel mehr Spaß oder?

CHALLENGE-ERFOLG

WAS DU WISSEN SOLLTEST

WIE WICHTIG IST ES, 100 % DURCHZUHALTEN?

Eine konsequente Umstellung hat den größten Erfolg und hilft dir, den Idealzustand zu erleben. Vor allem bei der Ernährung sind die ersten 30 Tage sehr wichtig, da sich der Körper von entzündungsfördernden Stoffen erholen und den Stoffwechsel umstellen kann. Auch wenn du dich auf Unverträglichkeiten testen willst, macht die 100 %ige Umstellung Sinn.

UND WENN ICH DOCH MAL SCHWACH WERDE?

Auch wir kennen das: Unser Umfeld macht die Umstellung schwer, Verlockungen warten an jeder Ecke und niemand ist so stark, immer Nein zu sagen. Ab und zu will man vielleicht bewusst sündigen, besonders mit Freunden oder der Familie. Deine Entscheidung hängt in solchen Situationen stark von deinen Zielen ab. Allerdings solltest du gerade am Anfang länger ohne Fehltritte auskommen, um deinen Körper zu entgiften. Langfristig gilt auch nach der Challenge: Wenn dir der kurzfristige Genuss in einem Moment extrem wichtig ist, dann ist es eben so. Kleine Sünden steigern mitunter auch die Motivation, langfristig am Ball zu bleiben.

ICH MÖCHTE NUR MEINE ERNÄHRUNG UMSTELLEN – IST DAS IN ORDNUNG?

Natürlich! Du kennst dich, deine Willensstärke und deinen Alltag am besten. Wenn du dir nicht zutraust, alle Bereiche der Challenge gleichzeitig umzusetzen, dann starte mit ein oder zwei Bereichen. Setze lieber die Ernährung zu 100 % um, als alle vier Bereiche nur zur Hälfte. Merke aber auch: Die Challenge ist so konzipiert, dass manche Bereiche, wie gesunde Ernährung und tägliche Bewegung, am Anfang eine Menge Willenskraft fordern. Dafür geben dir andere Bereiche, wie Schlaf und Zeit in der Natur, wieder die nötige Energie und Ausgeglichenheit, die du für genau diese Veränderungen brauchst.

WIE GEHT ES NACH DER CHALLENGE WEITER?

Wir kennen niemanden, der nach 30 Tagen Paleo komplett in seine alten Gewohnheiten zurückgefallen ist. Durch die Challenge schaffst du dir viele gute Rituale, die dir helfen, gesund zu bleiben. Warum also nicht weitermachen? Manche führen nach der Challenge ausgewählte Lebensmittel – wie hochwertige Milchprodukte – wieder ein und testen, wie sie reagieren. Wir selber ernähren uns im Alltag zirka 90-95 % Paleo und versuchen die anderen Richtlinien (MOVE, SLEEP, FEEL) so gut es geht umzusetzen.

IST DIE CHALLENGE FÜR JEDEN GEEIGNET?

Gesund essen, aktiv sein, ausreichend schlafen und sich entspannen ist unserer Meinung nach für jeden sinnvoll. Daher ist die Challenge so ausgelegt, dass du sie individuell gestalten kannst. Sie soll Bewusstsein für gesundes Verhalten im Alltag im Einklang mit unseren Genen schaffen und nicht jede Person in einen festgelegten Trainingsplan pressen.

TIPP

AUF UNSERER WEBSITE FINDEST DU EINKAUFSLISTEN, VORLAGEN FÜR DEINE ZIELE UND PUNKTEPLÄNE.
ALSO ALLES, WAS DU FÜR DEINE CHALLENGE BRAUCHST.

SÜSS, HERZHAFT ODER EINFACH MAL FASTEN? BEIM FRÜHSTÜCK GEHEN DIE MEINUNGEN STARK AUSEINANDER. DESWEGEN HABEN WIR EINE GROSSE BANDBREITE AN REZEPTEN MIT KREATIVEN KOMBINATIONEN FÜR UNTERSCHIEDLICHE GESCHMÄCKER GEZAUBERT.

WICHTIG IST: WIRF DIE ALTEN GEWOHNHEITEN ÜBER BORD UND SEI BEREIT, BISHER UNGEWOHNTE GERICHTE AUF DEINEM FRÜHSTÜCKSTISCH ZUZULASSEN. GLAUB UNS, HAST DU DICH EINMAL AN DEIN PALEO FRÜHSTÜCK GEWÖHNT, MÖCHTEST DU ES NICHT MEHR MISSEN.

KARIBISCHES FRÜCHTE-MÜSLI SEITE 22,

KOKOSBROT MIT PALEO-SCHOKO-CREME SEITE 23

KARIBISCHES FRÜCHTE-MÜSLI

Für 800 g / 8 Portionen

Zubereitungszeit: aktiv: 25 Min. / gesamt: 2 ½ Stunden

- 40 g Apfelchips
- 200 g Mandeln
- 30 g Macadamia-Nüsse
- 200 g Kokoschips
- 50 g Sonnenblumenkerne
- 100 g getrocknete Cranberrys
- 1 TL Meersalz (nach Geschmack)
- 1 kleine Ananas
- 7 getrocknete Datteln, ohne Stein
- Saft von 1 Orange
- 1 TL Zimt
- 1 TL Vanille, gemahlen
- 100 ml Kokosöl

Küchenmaschine oder Stabmixer

Den Ofen auf 120 °C vorheizen.

Die Apfelchips, die Mandeln, die Nüsse und die Kokoschips mithilfe einer Küchenmaschine oder eines Stabmixers grob zerkleinern (etwa auf Ø 0,5 cm) und in eine Schüssel geben. Mit den Sonnenblumenkernen, den Cranberrys und nach Geschmack mit etwas Salz mischen.

Die Ananas schälen, vierteln, vom Strunk befreien und in mittelgroße Stücke schneiden. Die Ananas-Stücke mit den Datteln, dem Orangensaft, dem Zimt und der Vanille mithilfe der Küchenmaschine oder des Stabmixers zu einer sämigen Fruchtsauce pürieren.

Das Kokosöl bei kleiner Hitze schmelzen, unter die Fruchtsauce rühren und dann das Ganze gut mit der Nussmischung vermengen.

Ein Backblech mit Backpapier auslegen und mit etwas Kokosöl einfetten. Dann die Nussmasse gleichmäßig darauf streichen und etwa 2 Stunden im Ofen rösten, dabei ab und zu zerteilen und wenden. Ist das Müsli leicht gebräunt, aus dem Ofen nehmen, etwas auskühlen lassen, servieren oder aufbewahren.

TIPP

Das Müsli kannst du mit Mandelmilch (S. 194) oder etwas Kokosmilch genießen. In einem luftdichten Behälter aufbewahrt, hält sich das Müsli bis zu 2 Wochen.

▶ Bild auf Seite 20

Nährwert pro Portion:
583 kcal / 10 g E / 47 g F / 28 g KH

KOKOSBROT
MIT PALEO-SCHOKO-CREME

Für 1 Brot / 5 Portionen

Zubereitungszeit: aktiv: 15 Minuten / gesamt: 50 Minuten

Für das Brot:

6 Eier

1 TL Vanille, gemahlen

3 EL Honig

350 g Kokosraspel

1 TL Weinstein-Backpulver

1 TL Kokosöl

Für die Creme (etwa 250 g):

1 Avocado

6 getrocknete Datteln

1 EL Honig

3 TL Kakao

Handrührgerät

Küchenmaschine oder Stabmixer

Den Ofen auf 180 °C vorheizen.

Für das Brot die Eier mit der Vanille und dem Honig mit Hilfe eines Handrührgerätes schaumig schlagen. Die Kokosraspel mithilfe einer Küchenmaschine oder eines Stabmixers kurz pürieren. Mit dem Backpulver mischen und dann unter die Ei-Honig-Masse heben. Eine Kasten- oder Brotbackform mit dem Kokosöl einfetten und den Teig darin etwa 45 Minuten im Ofen backen. Dabei die letzten 20 Minuten die Hitze auf 150 °C reduzieren.

Zum Prüfen, ob das Brot gar ist, den »Zahnstocher-Test« machen. Dazu stichst du einen Zahnstocher in den Teig, wenn nach dem Herausziehen kein Teig mehr daran haften bleibt, ist er gar. Andernfalls einfach noch etwa 5 Minuten weiterbacken. Ist das Brot fertig gebacken, aus der Form nehmen und abkühlen lassen.

Für die Creme die Avocado halbieren und den Kern entfernen. Das Fruchtfleisch mit einem Esslöffel herausnehmen und mit den Datteln, dem Honig und dem Kakao mit dem Stabmixer oder der Küchenmaschine pürieren, bis eine sämige Masse entsteht.

TIPP

Falls von der Schoko-Creme etwas übrig bleiben sollte, kannst du sie in einem Schraub- oder Marmeladenglas 2–3 Tage im Kühlschrank lagern.

▶ Bild auf Seite 21

Nährwert pro Portion / Kokosbrot:
533 kcal / 12 g E / 49 g F / 11 g KH

Nährwert pro Portion / Creme:
90 kcal / 3 g E / 5 g F / 10 g KH

AVOCADO-ORANGEN-SALAT

Für 2 Portionen

Zubereitungszeit: 10 Minuten

2 Avocados
2 Orangen
3 EL Olivenöl
2 EL Apfelessig
1 EL Zitronensaft
Salz, Pfeffer
1 Prise Chilipulver

Die Avocados halbieren und den Kern entfernen. Das Fruchtfleisch mit einem Esslöffel herausnehmen und in Würfel schneiden. Die Orangen schälen und ebenfalls würfeln. Die Avocado- und Orangenwürfel vorsichtig mit dem Öl, dem Essig und dem Zitronensaft mischen und mit Salz, Pfeffer sowie dem Chilipulver abschmecken.

VARIATIONEN

- ½ Fenchelknolle in dünne Scheiben schneiden und unter den Salat mischen.
- 1 Handvoll Walnusskerne hinzugeben.

Nährwert pro Portion:
446 kcal / 4 g E / 40 g F / 18 g KH

KAROTTEN-CASHEW-KOKOS-SALAT

Für 2 Portionen

Zubereitungszeit: 15 Minuten

1 Apfel
2 Karotten
4 EL Kokosmilch
50 g Cashewkerne
1 EL Zitronensaft
50 g Kokoschips

Gemüsehobel oder Küchenmaschine

Den Apfel waschen und vom Kerngehäuse befreien. Die Karotten schälen. Beides mithilfe eines Gemüsehobels oder einer Küchenmaschine grob raspeln. Die Cashewkerne grob hacken.

Dann mit den Apfel-Karotten-Raspeln, dem Zitronensaft und der Kokosmilch mischen. Zum Schluss den Salat mit den Kokoschips bestreuen.

Nährwert pro Portion:
453 kcal / 9 g E / 33 g F / 27 g KH

BANANEN-CHIA-PUDDING

Für 2 Portionen

2 reife Bananen

150 ml Mandelmilch (S. 194)

4 EL Chia-Samen

1 Prise Vanille, gemahlen

Wer zusätzlich mag:

etwas Honig

Zubereitungszeit: aktiv: 5 Minuten / gesamt: ca. 1 Stunde

Die Banane schälen und mit einer Gabel in einer Schüssel zerdrücken. Dann die übrigen Zutaten hinzufügen und mischen.

Die Masse auf zwei Schälchen verteilen und bis zum Servieren etwa 1 Stunde im Kühlschrank quellen lassen.

Nährwert pro Portion:
202 kcal / 6 g E / 8 g F / 25 g KH

»ZIMTIGER« BLUMENKOHL-MILCHREIS

Für 2 Portionen

250 g Blumenkohlreis (S. 115)

200 ml Kokosmilch

2 EL Kokosraspel

1 EL Zimt

½ TL Vanille, gemahlen

Wer zusätzlich mag:

1 EL Honig oder Ahornsirup

Zubereitungszeit: 15 Minuten

Den Blumenkohlreis in einem Topf mit der Kokosmilch und den Kokosraspel unter Rühren aufkochen und etwa 10 Minuten bei geringer Temperatur sanft köcheln lassen.

Den Topf vom Herd nehmen und den Zimt und die Vanille unterrühren. Den Milchreis nach Geschmack mit Honig oder Ahornsirup abschmecken und noch warm servieren.

DAZU PASST

Apfelmus (S. 196)

Nährwert pro Portion:
340 kcal / 6 g E / 32 g F / 6 g KH

EI IN DER TOMATE

Für 2 Portionen

Zubereitungszeit: aktiv: 15 Minuten / gesamt: 30 Minuten

1 Bund Basilikum

30 g Cashewkerne

Salz, Pfeffer

5 EL Olivenöl

1 Knoblauchzehe
(nach Geschmack)

4 große Fleischtomaten

4 Eier

Küchenmaschine oder Stabmixer

Den Ofen auf 200 °C vorheizen.

Für das Pesto das Basilikum waschen, trockenschütteln und grob hacken. Mit den Cashewkernen, etwas Salz und Pfeffer sowie dem Olivenöl in einer Küchenmaschine oder mit einem Stabmixer cremig pürieren. Nach Geschmack noch 1 Knoblauchzehe abziehen, grob hacken und mitpürieren.

Den »Deckel« von den Tomaten abschneiden und das Fruchtfleisch und die Kerne entfernen. Die ausgehöhlten Tomaten auf ein mit Backpapier ausgelegtes Backblech stellen. Das Basilikum-Pesto in die Tomaten füllen. Dann je 1 Ei aufschlagen und vorsichtig über die Pesto-Füllung geben. Mit Salz und Pfeffer würzen.

Die gefüllten Tomaten etwa 18 Minuten auf mittlerer Schiene im Ofen backen, bis die Ei-Füllung gestockt ist.

Nährwert pro Portion:
581 kcal / 20 g E / 47 g F / 20 g KH

EI IM RIESENPILZ

Für 2 Portionen

Zubereitungszeit: aktiv: 10 Minuten / gesamt: 30 Minuten

4 Portobello-Pilze
(sehr große braune Champignons)

2 EL Olivenöl

4 Scheiben Serrano-Schinken

4 kleine Eier

1 Handvoll frische Petersilie

Salz, Pfeffer

Den Ofen auf 180 °C vorheizen.

Die Stängel der Pilze entfernen. Die Pilze etwas mit einem Teelöffel aushöhlen und außen mit Olivenöl bestreichen. Dann mit der Kappe nach unten in eine Auflaufform setzen.

Die Pilzmulden mit je 1 Scheibe Schinken auskleiden. Dann je 1 Ei aufschlagen und vorsichtig über den Schinken geben. Die Petersilie waschen, trockenschütteln und fein hacken. Die gefüllten Pilze mit Salz und Pfeffer würzen und mit der Petersilie bestreuen.

Die Pilze etwa 18 Minuten auf mittlerer Schiene im Ofen backen, bis die Ei-Füllung gestockt ist.

Nährwert pro Portion:
344 kcal / 30 g E / 24 g F / 3 g KH

FRUCHTIGES FRÜHSTÜCKS-RÜHREI

Für 2 Portionen

- 7 Eier
- 1 EL Honig
- 1 TL Zitronensaft
- 2 Bananen
- 1 EL Kokosöl
- 4 TL Zimt
- 4 EL Mandelstifte

Zubereitungszeit: 15 Minuten

Die Eier aufschlagen und in einer Schüssel mit dem Zitronensaft verquirlen. Die Bananen schälen und in dünne Scheiben schneiden.

In einer Pfanne das Kokosöl mit dem Honig bei mittlerer Temperatur erhitzen. Die Bananenscheiben und den Zimt hinzugeben und kurz (etwa 1 Minute) anbraten. Dann die Eiermischung dazugießen und das Ei bis zur gewünschten Konsistenz »stocken« lassen. Dabei ab und zu rühren. Zum Schluss die Mandeln unterheben und das Rührei sofort servieren.

VARIATIONEN

- Apfelstücke, Kürbiskerne und Muskat
- frische Beeren und Kokoschips
- Pfirsich und Walnüsse

Nährwert pro Portion:
582 kcal / 30 g E / 37 g F / 32 g KH

TIPP

—

OB EIN EI VON HÜHNERN AUS »GUTER« HALTUNG STAMMT, ERKENNST DU AN DER ERSTEN ZIFFER DER ZAHLENREIHE (STEMPEL) AUF DER SCHALE: 0 STEHT FÜR ÖKOLOGISCHE HALTUNGSFORM, 1 FÜR FREILANDHALTUNG.

SELLERIE-RÖSTI

Für 6 Röstis / 2 Portionen

1 Sellerieknolle

2 Eier (optional)

2 EL Kokosöl

Salz

Gemüsehobel oder Küchenmaschine

Zubereitungszeit: 30 Minuten

Die Sellerieknolle schälen und dann mithilfe eines Gemüsehobels oder einer Küchenmaschine grob raspeln. Für einen besseren »Zusammenhalt« kannst du die Selleriestifte noch mit 2 Eiern vermischen.

In einer Pfanne das Kokosöl auf mittlerer Temperatur erhitzen und die Sellerieraspel portionsweise in »Röstiform« hineinsetzen, dabei eventuell etwas platt drücken. Die Rösti mit etwas Salz würzen und etwa 10 Minuten braten, bis sie an der Unterseite leicht braun werden. Eventuell dabei die Hitze etwas reduzieren.

Anschließend die Rösti wenden und von der anderen Seite goldbraun braten. Auf diese Weise mit den übrigen Röstis verfahren.

VARIATIONEN

- »Süß« – 1 TL Mandelstifte je Rösti hinzugeben und mit ½ TL Zimt würzen. Dazu passt Apfelmus (S. 196).
- »Herzhaft« – ½ TL Pfeffer und ½ TL Rosmarin je Rösti hinzugeben.

Nährwert pro Portion:
214 kcal / 9 g E / 18 g F / 4 g KH

MORNING-POWER-SMOOTHIE

Für 2 Portionen

Zubereitungszeit: 5 Minuten

300 ml Kokosmilch

200 g Beerenfrüchte (frisch oder TK)

1 Handvoll frischer Blattspinat

1 TL gemahlener oder frischer Ingwer

1 TL Honig

1 EL Zitronensaft

Küchenmaschine oder Stabmixer

Die Beeren kurz abspülen oder auftauen und abtropfen lassen. Den Spinat waschen und putzen. Dann alles zusammen mit Hilfe eines Stabmixers oder einer Küchenmaschine cremig pürieren.

Nährwert pro Portion:
368 kcal / 5 g E / 34 g F / 11 g KH

WALNUSS-SCHOKO-SMOOTHIE

Für 2 Portionen

Zubereitungszeit: 5 Minuten

400 ml Mandelmilch (S. 194)

½ Avocado

50 g Walnüsse

1 EL Kakaopulver

2 TL Honig

1 Prise Zimt

1 Prise Vanille, gemahlen

Küchenmaschine oder Stabmixer

Das Fruchtfleisch aus der Avocadohälfte mit einem Esslöffel herausnehmen und zusammen mit den restlichen Zutaten mithilfe eines Stabmixers oder einer Küchenmaschine fein pürieren.

TIPP

Wenn du es süß magst, kannst du eine Banane mitpürieren. Die andere Avocadohälfte kannst du zum Beispiel für den Eiersalat mit Avocado (S. 48) verwenden.

Nährwert pro Portion:
336 kcal / 8 g E / 28 g F / 14 g KH

TIPP

KAFFEE SOLLTE EIN GELEGENTLICHES GENUSSMITTEL, KEIN REGELMÄSSIGES SUCHTMITTEL SEIN.

PALEO »POWER-KAFFEE«

Für 2 Portionen

1 TL Kokosöl

1 TL Ghee

300 ml heißen Kaffee

Wer mag, zusätzlich:

½ TL Zimt

1 TL Honig

Stabmixer oder Milchaufschäumer

Nährwert pro Portion / Basic:
77 kcal / 0 g E / 9 g F / 0 g KH

Nährwert pro Portion / Zimt & Honig:
85 kcal / 0 g E / 9 g F / 2 g KH

Zubereitungszeit: 5 Minuten

Das Kokosöl mit dem Ghee kurz erhitzen und dann – gegebenenfalls mit dem Zimt und dem Honig – in den Kaffee geben. Das Ganze mithilfe eines Milchaufschäumers oder Stabmixers mixen, bis eine einheitliche Flüssigkeit ohne Fettschicht entstanden ist.

Auf 2 Tassen aufteilen und und servieren.

TIPP

Auch mit stärkerem Kaffee (Espresso) und weniger Menge möglich.

MANDELMILCH-KAFFEE

Für 2 Tassen

250 ml Mandelmilch (S. 194)

1 Sternanis

1 Zimtstange

2 TL Honig (nach Geschmack)

100 ml Espresso

Nährwert pro Portion:
62 kcal / 1 g E / 3 g F / 6 g KH

Zubereitungszeit: 5 Minuten

Die Mandelmilch mit den Gewürzen und gegebenenfalls dem Honig kurz aufkochen. Anschließend den Anis und die Zimtstange herausnehmen. Zum Servieren den Espresso auf 2 Tassen verteilen und die Mandelmilch darübergießen.

VARIATIONEN

Statt Espresso schmeckt auch schwarzer Tee.

TIPP

Im nordeuropäischen Raum wird das Frühstück oft als wichtigste Mahlzeit des Tages dargestellt, in den Ländern des Mittelmeerraumes reicht den meisten ein Kaffee. Wir halten – auch nach eigenen Erfahrungen – die Option »kein Frühstück« für völlig in Ordnung.

Weitere Infos zum »intermittierenden Fasten« findest du auf *www.paleo360.de/fasten*

SPECIAL: INTERMITTIERENDES FASTEN

ERNÄHRUNG IM RHYTHMUS UNSERER URAHNEN

Erst seit wenigen Jahrzehnten lebt unsere Gesellschaft im Überfluss an Nahrungsmitteln oder umgekehrt ausgedrückt: Weit über 99,9 % der Evolutionsgeschichte war der Mensch Nahrungsmittelknappheit, ständigem Hunger und längeren Phasen ohne Nahrungsaufnahme ausgesetzt. Kein Wunder also, dass unser Körper mit einem »Zuviel« an Essen nicht umgehen kann und mit Übergewicht, Diabetes, Organproblemen und anderen »Zivilisationskrankheiten« reagiert.

Freiwillig oder unfreiwillig, das intermittierende Fasten, also das Unterbrechen der ständigen Nahrungszufuhr, tut unserem Körper gut. Er kann sich während des Kurzzeitfastens regenerieren:

Der Verzicht auf Kalorienzufuhr und feste Nahrung für ein Zeitfenster von meist **16 bis 24 Stunden** aktiviert den Fettstoffwechsel, gibt dem Verdauungstrakt eine Pause und hat positiven Einfluss auf Blutzucker- und Insulinspiegel. Viele berichten auch von höherem Konzentrationsvermögen und besserem Schlaf.

TIPPS ZUM KURZZEITFASTEN

- Lege deine Esspausen so, dass sie nicht mit Essenseinladungen wie Familienfeiern usw. kollidieren.
- Trinke viel, möglichst Wasser und Tee. Ein Kaffee ab und zu ist auch mal okay.
- Sorge für Abwechslung: Wechsle intermittierende Fastentage und Tage mit regelmäßiger Nahrungsaufnahme ab.

VARIATION

Als Alternative zum kompletten Verzicht auf Nahrung, könntest du einen Kaffee mit Kokosöl oder Ghee (siehe Paleo »Power-Kaffee« S. 39) am Morgen trinken. So kannst du Heißhungerattacken umgehen und den Fettstoffwechsel weiter »ankurbeln«.

OFT PRAKTIZIERTE ZEITFENSTER

16-Stunden-Fasten: z. B. Verzicht auf das Frühstück, wenn von 20:00 Uhr bis 12:00 Uhr Mittag des nächsten Tages gefastet wird.

24-Stunden-Fasten: z. B. ausgiebiges Frühstück oder Brunch, dafür weder Mittag- noch Abendessen. Erst am nächsten Morgen wieder ein großes Frühstück, wenn von 8:00 Uhr bis 8:00 Uhr des nächsten Tages gefastet wird.

Beispiele für eine Woche mit intermittierendem Fasten:

16 h	MO	DI	MI	DO	FR	SA	SO
Früh	✗	✗	✓	✗	✓	✗	✓
Mittags	✓	✓	✓	✓	✓	✓	✓
Abends	✓	✓	✓	✓	✓	✓	✓

24 h	MO	DI	MI	DO	FR	SA	SO
Früh	✓	✓	✓	✓	✓	✓	✓
Mittags	✗	✓	✗	✓	✗	✓	✓
Abends	✗	✓	✗	✓	✗	✓	✓

FÜR BERUFSTÄTIGE, SCHÜLER UND STUDENTEN OFT DIE GRÖSSTE HERAUSFORDERUNG: WAS GIBT ES ZUM MITTAGESSEN? KEINE KÜCHE IN DER NÄHE, IN DER KANTINE NICHTS PASSENDES ZU FINDEN UND KEINE ZEIT ZUM EINKAUFEN …

DA HILFT ES NUR, WENN MAN VORBEREITET IST. ZUM GLÜCK GIBT ES UNZÄHLIGE PALEO-GERICHTE, DIE SICH SUPER VORBEREITEN LASSEN UND AUCH KALT HERVORRAGEND SCHMECKEN. DIE EINZIGE HERAUSFORDERUNG IST: NICHT SCHON BEI DER ZUBEREITUNG ALLES VERPUTZEN.
DEINE KOLLEGEN WERDEN DICH BENEIDEN!

BROKKOLI-HACKFLEISCH-WRAPS SEITE 50

BURGER IM EI SEITE 51

FRUCHTIGER CURRY-SAUERKRAUT-SALAT SEITE 49

FÜR DIE LUNCHBOX

GEFLÜGELSALAT MIT BANANE + AVOCADO

Für 2 Portionen

Zubereitungszeit: aktiv: 15 Minuten / gesamt: 25 Minuten

400 g Hähnchenfilet
½ Zwiebel
1 Avocado
2 EL Apfelessig
Saft ½ Limette
Salz, Pfeffer

1 Banane
1 Handvoll frischer Koriander

Die Hähnchenfilets in einem Topf mit leicht kochendem Wasser auf mittlerer Hitze etwa 15 Minuten garen. Anschließend das Fleisch mit einer Gabel in mundgerechte Stückchen »reißen«.

Die Zwiebelhälfte schälen und würfeln. Die Avocado halbieren und den Kern entfernen. Das Fruchtfleisch mit einem Esslöffel herausnehmen. Die Zwiebel und die Avocado in einer Schüssel mit dem Hähnchen, dem Essig, dem Limettensaft sowie Salz und Pfeffer mischen.

Zum Servieren die Banane klein schneiden und unterheben. Den Koriander waschen, trockenschütteln, hacken und über den Geflügelsalat streuen.

Nährwert pro Portion:
371 kcal / 49 g E / 12 g F / 15 g KH

RUCOLA-GEFLÜGELSALAT MIT JOHANNISBEEREN

Für 2 Portionen

Zubereitungszeit: aktiv: 15 Minuten / gesamt: 25 Minuten

400 g Hähnchenfilet

Für das Dressing:
½ TL scharfer Senf
1 TL Honig
1 TL Apfelweinessig
3 EL Olivenöl
Salz, Pfeffer

4 Handvoll Rucola
100 g rote Johannisbeeren

Die Hähnchenfilets in einem Topf mit leicht kochendem Wasser auf mittlerer Hitze etwa 15 Minuten garen. Anschließend das Fleisch mit einer Gabel in mundgerechte Stückchen »reißen«.

Für das Dressing alle Zutaten mischen und mit Salz und Pfeffer abschmecken. Den Rucola waschen und trockenschütteln. Dann das Hähnchenfleisch mit dem Rucola in eine Schüssel geben, das Dressing darübergießen und alles gut mischen.

Die Johannisbeeren waschen, die Beeren von den Stängeln zupfen und mithilfe einer Gabel etwas zerdrücken. Zum Schluss die Johannisbeeren unter den Geflügelsalat heben.

Nährwert pro Portion:
373 kcal / 47 g E / 20 g F / 2 g KH

VARIATION

—

WER MAG, KANN DIE BANANE AUCH DURCH MANGO ERSETZEN.

THUNFISCH-SALAT
MIT ORANGE UND PETERSILIE

Für 2 Portionen

Zubereitungszeit: 15 Minuten

2 Knoblauchzehen

1 Paprika

½ kleine Zwiebel

5 Radieschen

2 Orangen

1 Bund Petersilie

1 Dose Thunfisch (im eigenen Saft)

3 EL Olivenöl

1 EL Apfelessig

Salz, Pfeffer

4 EL Kapern (optional)

Die Knoblauchzehen abziehen und fein hacken. Die Paprika waschen, von den Kernen befreien und würfeln. Die Zwiebelhälfte schälen und in kleine Würfel schneiden. Die Radieschen waschen, putzen und in Scheiben schneiden. Die Orangen schälen und filetieren. Die Petersilie waschen, trockenschütteln und hacken. Den Thunfisch auf einem Sieb abtropfen lassen. Dann alles mit Olivenöl, Essig und ggf. Kapern in einer Schüssel mischen und mit Salz und Pfeffer abschmecken.

TIPP

Orangen filetierst du, indem du zunächst die oberen und unteren Kappen der Früchte abschneidest, dabei sollte das Fruchtfleisch bereits zu sehen sein. Dann mit einem scharfen Messer die gesamte Schale in Streifen so herunterschneiden, dass die weiße Haut mit entfernt wird.

Nun die einzelnen Orangenfilets mit einem Messer zwischen den Trennhäuten herausschneiden. Die Orange dabei am besten über eine kleine Schüssel halten, um den Saft aufzufangen.

Nährwert pro Portion:
352 kcal / 20 g E / 19 g F / 20 g KH

OFEN-OMELETT
ROLLE

Für 2 Portionen

Zubereitungszeit: aktiv: 15 Minuten / gesamt: 35 Minuten

2 Zwiebeln

2 Karotten

1 EL Ghee

Salz, Pfeffer

8 Eier

2–4 EL Füllung (s.u.)

Gemüsehobel

Den Ofen auf 180 °C vorheizen.

Die Zwiebeln schälen und in feine Ringe schneiden. Die Karotten schälen und mithilfe eines Gemüsehobels raspeln.

Das Ghee in einer Pfanne erhitzen und die Zwiebelringe darin anschwitzen. Die Karottenraspel und etwas Salz hinzugeben und etwa 5 Minuten weiterbraten.

Ein tiefes Backblech oder eine große Auflaufform großzügig mit Backpapier auslegen, dabei an den Seiten überhängen lassen.

Die Eier aufschlagen, in einer Schüssel mit Salz und Pfeffer verquirlen und dann gleichmäßig auf das Backblech oder in die Form gießen. Das gebratene Gemüse über die gesamte Fläche der Eiermasse verteilen und zusammen auf mittlerer Schiene im Ofen etwa 15 Minuten backen. Ist die Eimasse gestockt, vorsichtig mit dem Backpapier vom Backblech oder aus der Form heben.

Die gewählte Füllung auf dem Ofen-Omelett verteilen und – je nach gewünschter Dicke der Rolle – von der kurzen oder von der langen Seite her aufrollen. Zum Servieren oder Mitnehmen die Omelett-Rolle in Scheiben oder kurze Rollen schneiden.

FÜLLUNGEN

- Schinken und gebratene Champignons
- Salami (auf Inhaltsstoffe achten)
- Thunfisch
- gewürfelte Paprika

Nährwert pro Portion:
413 kcal / 30 g E / 28 g F / 9 g KH

SÜSSKARTOFFEL-THUNFISCH MUFFINS

Für 12 Stück / 3 Portionen

Zubereitungszeit: aktiv: 20 Minuten / gesamt: 50 Minuten

3 Frühlingszwiebeln

300 g Süßkartoffeln

½ Bio-Zitrone

1 Handvoll frischer Koriander

300 g Thunfisch im eigenen Saft (Dose)

½ TL Chilipulver

3 EL Ghee

3 Eier

Salz, Pfeffer

Wer mag, zusätzlich:

1 Zitrone

Kartoffelstampfer

Muffinblech für 12 Muffins

Den Ofen auf 180 °C vorheizen.

Die Frühlingszwiebeln waschen und in Ringe schneiden. Die Süßkartoffeln schälen und in etwa 2 cm große Würfel schneiden.

Die Süßkartoffel-Würfel in einem Topf mit kochendem Wasser etwa 10 Minuten kochen. Dann abgießen und mit einem Kartoffelstampfer zerdrücken. Die Zitronenschale abreiben. Den Koriander waschen, trockenschütteln und hacken.

Den Thunfisch auf einem Sieb abtropfen lassen. Dann mit den Frühlingszwiebeln, der Süßkartoffel-Masse, dem Zitronenabrieb, dem Koriander, dem Chilipulver, 2 EL Ghee und den Eiern gut vermengen. Das Ganze mit Salz und Pfeffer abschmecken.

Ein Muffinblech mit 1 EL Ghee einfetten. Dann die Thunfisch-Süßkartoffel-Masse gleichmäßig auf die Muffinförmchen verteilen und etwa 25 Minuten im Ofen backen. Sind die Muffins fertig, herausnehmen und vorsichtig aus der Form lösen.

Zum Servieren gegebenenfalls die Zitrone waschen, in Spalten schneiden und die Muffins mit den Zitronenspalten zum Beträufeln reichen.

Nährwert pro Portion:
396 kcal / 36 g E / 16 g F / 24 g KH

TIPP

—

STATT FRISCHEM KORIANDER KANNST DU AUCH 1 TL GEMAHLENEN KORIANDER VERWENDEN.

SATT IN 20 MINUTEN

NACH EINEM ANSTRENGENDEN TAG KOMMT MAN OFT HUNGRIG NACH HAUSE,. DA FÄLLT ES NICHT IMMER LEICHT, SICH ZEIT ZU NEHMEN UM GESUND ZU KOCHEN. DESWEGEN HABEN WIR REZEPTE KREIERT, DIE SCHNELL UND EINFACH ZUZUBEREITEN SIND UND TROTZDEM DAS GEWISSE ETWAS HABEN. SO IST DAS ABENDESSEN IM HANDUMDREHEN AUF DEM TISCH UND PALEO WIRD FÜR DICH GARANTIERT NIE LANGWEILIG.

GEBACKENE THUNFISCH-EIER

Für 2 Portionen

Zubereitungszeit: aktiv: 10 Minuten / gesamt: 20 Minuten

300 g Thunfisch im eigenen Saft (Dose)

1 Zwiebel

1 Paprika

4 getrocknete Tomaten

1 Handvoll Petersilie

1 EL Olivenöl

1 EL Zitronensaft

Salz, Pfeffer

6 Eier

1–2 Auflaufformen (je nach Größe)

Den Ofen auf 180 °C Umluft vorheizen.

Den Thunfisch in ein Sieb geben und abtropfen lassen. Die Zwiebel schälen und in Würfel schneiden. Die Paprikaschote waschen, von den Kernen befreien und würfeln. Die getrockneten Tomaten in dünne Streifen schneiden. Die Petersilie waschen, trockenschütteln und hacken.

Den abgetropften Thunfisch mit den Zwiebel- und Paprikawürfeln, den Tomaten und der Petersilie auf eine oder mehrere Auflaufformen verteilen. Dann mit dem Olivenöl, dem Zitronensaft sowie Salz und Pfeffer gut vermischen.

Die Eier aufschlagen und vorsichtig über die Thunfisch-Mischung geben. Das Ganze im Ofen auf mittlerer Schiene etwa 10–15 Minuten backen, bis die Eier die gewünschte Konsistenz erreicht haben. Anschließend herausnehmen, nach Belieben mit Salz und Pfeffer abschmecken und noch heiß servieren.

Nährwert pro Portion:
534 kcal / **56** g E / **29** g F / **11** g KH

KOKOS-KORIANDER
FISCH

Für 2 Portionen

- 400 g weißes Fischfilet (z. B. Kabeljau, Schellfisch oder Dorsch)
- 1 Knoblauchzehe
- 1 kleines Stück Ingwer (etwa 2 cm)
- 1 EL Kokosöl
- 200 ml Kokosmilch

- 1 Bund Koriander
- 1–2 EL Limettensaft
- Salz, Pfeffer

Zubereitungszeit: 15 Minuten

Den Fisch in mundgerechte Stücke schneiden. Den Knoblauch abziehen, den Ingwer schälen und beides fein hacken.

Das Kokosöl in einer Pfanne erhitzen und den Knoblauch und den Ingwer darin anschwitzen. Dann die Fischstücke hinzufügen und von allen Seiten scharf anbraten. Die Kokosmilch dazu gießen, kurz aufkochen lassen und das Fisch-Ragout bei niedriger Temperatur noch etwa 2 Minuten köcheln lassen.

Zum Servieren den Koriander waschen, trockenschütteln, hacken und mit dem Limettensaft unter den Fisch mischen. Zum Schluss mit Salz und Pfeffer abschmecken.

DAZU PASST

Blumenkohlreis (S. 115)

Nährwert pro Portion:
436 kcal / 39 g E / 30 g F / 3 g KH

HASELNUSS-KAROTTEN
SALAT MIT HACKFLEISCH

Für 2 Portionen

40 g Haselnüsse
1 EL Kokosöl
300 g Hackfleisch vom Rind
1 EL Currypulver
Salz, Pfeffer
1 Handvoll frischer Koriander
1 Handvoll frische Minze
2 große Karotten
2 EL Olivenöl
1 EL Apfelessig
3 EL Zitronensaft
2–3 EL frischer Orangensaft

Gemüsehobel oder Küchenmaschine

Zubereitungszeit: 20 Minuten

Die Haselnüsse grob hacken und ohne Fett in einer Pfanne bei geringer Temperatur rösten. Anschließend vom Herd nehmen.

Das Kokosöl in einer Pfanne erhitzen und das Hackfleisch mit dem Currypulver sowie Salz und Pfeffer goldbraun und krümelig braten. Anschließend den Koriander und die Minze waschen, trockenschütteln, hacken und zum Hackfleisch geben.

Die Karotten schälen und mithilfe eines Gemüsehobels oder einer Küchenmaschine raspeln und mit dem Hackfleisch, dem Olivenöl, dem Essig, dem Zitronen- und dem Orangensaft in einer großen Schüssel mischen. Zum Servieren den Salat mit Salz und Pfeffer abschmecken und mit den gerösteten Haselnüssen bestreuen.

Nährwert pro Portion:
659 kcal / 35 g E / 52 g F / 12 g KH

VARIATION

DER SALAT SCHMECKT AUCH MIT WALNÜSSEN ODER MANDELN STATT DEN HASELNÜSSEN.

SUPPEN, DIE SATT MACHEN

WIR LIEBEN SUPPEN, DENN MAN KANN SIE GUT VORBEREITEN UND IN GROSSEN MENGEN AUFBEWAHREN – PRAKTISCHER UND VIELSEITIGER GEHT ES KAUM. OB VEGETARISCH, FRUCHTIG, SCHARF, MIT FISCH ODER FLEISCH – RAN AN SUPPENKELLE UND TOPF! MIT DIESEN SUPPEN BEKOMMST DU AUCH EINE AUSGEHUNGERTE GROSSFAMILIE ORDENTLICH SATT.

»THAI« GARNELEN-SUPPE MIT KORIANDER SEITE 74

TOMATENSUPPE MIT GERÖSTETEM HACK SEITE 75

SCHARFE SÜSSKARTOFFELSUPPE MIT LIMETTE

Für 2 Portionen

400 g Süßkartoffeln

1 Zwiebel

1 mittleres Stück Ingwer (etwa 3 cm)

1 rote Chilischote

1 Bio-Limette

1 EL Ghee

300 ml Kokosmilch

450 ml Gemüsebrühe (S. 188)

Salz, Pfeffer

Stabmixer

Zubereitungszeit: aktiv: 35 Minuten / gesamt: 50 Minuten

Die Süßkartoffeln und die Zwiebel schälen und in grobe Würfel schneiden. Den Ingwer schälen und fein hacken. Die Chilischote entkernen und ebenfalls fein hacken. Von der Limette die Schale reiben und den Saft auspressen.

Das Ghee in einem Topf erhitzen und die Süßkartoffeln- und Zwiebelwürfel darin mit dem Ingwer etwa 5 Minuten anbraten. Dann den Chili, die Kokosmilch, die Brühe und den Limettensaft hinzufügen und das Ganze zugedeckt etwa 20 Minuten köcheln lassen. Danach die Süßkartoffel-Suppe vom Herd nehmen und mit einem Stabmixer pürieren.

Zum Servieren die Suppe mit Salz und Pfeffer abschmecken, auf Tellern verteilen und mit dem Limettenabrieb bestreuen.

Nährwert pro Portion:
612 kcal / 7 g E / 39 g F / 54 g KH

TIPP

—

SUPPENFLEISCH ERHÄLTST DU, WENN DU DIE FLEISCHBRÜHE SELBER MACHST (S. 186), WAS WIR DIR OHNEHIN EMPFEHLEN.

KAROTTENSUPPE
MIT INGWER UND KIRSCHEN

Für 4 Portionen

- 2 Schalotten
- 750 ml Rinderbrühe (S. 186)
- 600 g vorgegartes Suppenfleisch (nach Geschmack)
- 7 Karotten
- 5 EL Ghee
- 100 g getrocknete Kirschen oder Cranberrys
- 1 mittleres Stück Ingwer (etwa 3 cm)
- 1 TL Honig
- Salz, Pfeffer

Kartoffelstampfer

Zubereitungszeit: 35 Minuten

Die Karotten schälen und in grobe Stücke (etwas 3–4 cm) schneiden. Die Schalotten schälen und fein würfeln.

Das Ghee in einem großen Topf erhitzen und die Schalotten darin glasig anschwitzen. Die Karotten hinzugeben und unter Rühren 2 Minuten andünsten. Dann die Brühe hineingießen, aufkochen und alles bei mittlerer Temperatur etwa 15 Minuten köcheln lassen, bis die Karotten weich sind. Danach die Suppe vom Herd nehmen und die Karotten mit einem Kartoffelstampfer grob zerdrücken.

Die Kirschen klein hacken, den Ingwer schälen, fein hacken und beides mit dem Honig und gegebenenfalls dem Suppenfleisch in die Karottensuppe geben. Zum Schluss alles kurz erhitzen und die Suppe mit Salz und Pfeffer abschmecken.

Nährwert p.P. mit Suppenfleisch:
520 kcal / 35 g E / 26 g F / 28 g KH

Nährwert p.P. ohne Suppenfleisch:
287 kcal / 4 g E / 13 g F / 38 g KH

GERÖSTETE BLUMENKOHLSUPPE MIT SPECK

Für 2 Portionen

1 Blumenkohl

2 Knoblauchzehen

1 Schalotte

1 EL Olivenöl

500 ml Rinder- oder Hühnerbrühe (S. 187)

2 TL getrockneter Thymian

1 TL Kokosöl

300 ml Kokosmilch

Salz, Pfeffer

4 Scheiben Speck (Bacon)

1 Handvoll frische Petersilie

Stabmixer

Zubereitungszeit: aktiv: 20 Minuten / gesamt: 45 Minuten

Den Ofen auf 200 °C vorheizen.

Den Blumenkohl waschen, von den Blättern und dem Strunk befreien und in kleine Stücke schneiden. Die Knoblauchzehen abziehen und fein hacken. Die Schalotte schälen und fein würfeln.

Den Blumenkohl mit dem Knoblauch, der Schalotte und dem Olivenöl mischen und auf ein mit Backpapier ausgelegtes Backblech verteilen. Etwa 20 Minuten im Ofen goldbraun rösten.

Die geröstete Blumenkohl-Mischung mit der Brühe und dem Thymian in einem Topf zum Kochen bringen und etwa 5 Minuten köcheln lassen. Danach die Blumenkohlsuppe mit einem Stabmixer fein pürieren. Die Kokosmilch unterrühren und mit Salz und Pfeffer abschmecken.

Den Speck in einer Pfanne ohne Fett von beiden Seiten knusprig anbraten, etwas abkühlen lassen und zerbröseln.

Die Petersilie waschen, trockentupfen und hacken. Zum Servieren die Blumenkohlsuppe auf Teller verteilen und mit der Petersilie sowie dem Speck bestreuen.

Nährwert pro Portion:
659 kcal / 22 g E / 55 g F / 17 g KH

TIPP

WENN ES SCHNELL GEHEN MUSS, KANN MAN DEN BLUMENKOHL AUCH KOCHEN STATT IHN ZU RÖSTEN.

REZEPTE BAUKASTEN

VOLLE FLEXIBILITÄT UND KREATIVITÄT FÜR DEINE KÜCHE – DAS BIETET UNSER REZEPTE-BAUKASTEN. WIR LIEFERN DIR REZEPTE FÜR HAUPTSPEISEN, SALATE, BEILAGEN UND SAUCEN UND DU KOMBINIERST, WIE ES DIR GEFÄLLT. DU KANNST DICH NATÜRLICH AUCH VON DEN VORSCHLÄGEN UNSERER REZEPTE-MATRIX (NÄCHSTE SEITE) INSPIRIEREN LASSEN. DENN PALEO IST VOR ALLEM EINES: DEIN PERSÖNLICHES GESCHMACKSERLEBNIS. ALSO: WORAUF HAST DU HEUTE LUST?

HONIG-BALSAMICO-ENTENBRUST SEITE 87

MANDEL-SCHNITZEL SEITE 89

GEBRATENE BASILIKUM-TOMATEN SEITE 121

FENCHEL-APFEL SALAT SEITE 133

ASIA-JALAPEÑO-SAUCE SEITE 139

REZEPTE MATRIX

TABELLE FÜR DIE KOMBINATION VON BEILAGEN UND HAUPTSPEISEN

BEILAGEN / GEMÜSE	GEFLÜGEL			FLEISCH									FISCH						VEGETARISCH bzw. mit Speck			
	Hähnchenbrust mit Pesto-Füllung S. 86	Indisches Hähnchen »Tikka-Masala« S. 84	Honig-Balsamico-Entenbrust S. 87	Schweine-Medaillons auf Spinat S. 88	Kohlrabi-Spinat-Lasagne S. 99	Das perfekte Rinderfilet S. 93	Steakstreifen auf Artischockensalat S. 92	Kräuter-Leberkäse S. 90	Tomaten-Cevapcici S. 96	Mandel-Schnitzel S. 89	Kokos-Gulasch S. 94	Asiatischer Blumenkohlreis S. 95	Shrimp-Spieße mit Melone S. 103	Lachs-Tatar auf Apfel-Gurken-Salat S. 100	Kabeljau mit Pistazienkruste S. 108	Zucchini-»Pad-Thai« mit Garnelen S. 106	Lachs-Zitronen-Spieße S. 104	Zanderfilet mit Pfirsich-Sauce S. 107	Kohl-Burritos m. Süßkartoffel-Raspeln S. 111	Aprikosen-Karotten-Curry S. 112	Scharfe Blumenkohl-Bratlinge S. 113	Zucchini-Nudeln S. 115
Orangen-Spinat mit Ingwer S. 121	+		+						+						+		+				+	
Buntes Ratatouille S. 118			+			+			+	+					+		+				+	
Scharfe Kakao-Karotten S. 124			+	+		+																
Knoblauch-Brokkoli S. 124	+					+				+												
Gerösteter Kohl mit Zitrone S. 122							+	+		+			+									
Karibische Süßkartoffel-Spalten S. 127						+		+		+			+							+		
Auberginen-»Pommes« S. 127						+				+								+				
Gebratene Basilikum-Tomaten S. 121	+		+	+		+			+	+												
Karotten-Soufflé S. 129			+	+		+	+								+							
Zucchini-Melonen-Carpaccio S. 116			+			+			+						+		+					
Gebratene Zucchini S. 116	+		+	+		+				+					+		+					
Blumenkohlreis S. 115		+									+									+		

IN DIESER MATRIX LIEFERN WIR DIR EIN WENIG INSPIRATION FÜR KOMBINATIONSMÖGLICHKEITEN BASIEREND AUF UNSEREN VORLIEBEN.

ABER VERGISS NIE: IN DER KÜCHE IST DEINE EIGENE KREATIVITÄT GEFRAGT, KOMBINIERE ALSO NACH DEINEM GANZ PERSÖNLICHEN GESCHMACK!

		DIPS & SAUCEN					SALATE					
		Spinat-Pistazien-Pesto S. 140	Frische Gurken-Fenchel-Salsa S. 139	Scharfes Kräuter-Ghee S. 137	Asia-Jalapeño-Sauce S. 139	Avocado-Pesto S. 140	Tomaten-Gurken-Salat S. 134	Dattel-Salat S. 132	Mediterraner Gurkensalat S. 136	Fenchel-Apfel-Salat S. 133	Mango-Oliven-Salat S. 134	Kohlrabi-Salat S. 131
GEFLÜGEL	Hähnchenbrust mit Pesto-Füllung S. 86	+	+			+	+					
	Indisches Hähnchen »Tikka-Masala« S. 84											
	Honig-Balsamico-Entenbrust S. 87								+			
FLEISCH	Schweine-Medaillons auf Spinat S. 88							+				
	Kohlrabi-Spinat-Lasagne S. 99						+	+		+		
	Das perfekte Rinderfilet S. 93			+			+	+				
	Steakstreifen auf Artischockensalat S. 92			+								
	Kräuter-Leberkäse S. 90						+		+	+		
	Tomaten-Cevapcici S. 96		+		+				+	+		+
	Mandel-Schnitzel S. 89			+				+	+			
	Kokos-Gulasch S. 94										+	
	Asiatischer Blumenkohlreis S. 95										+	
FISCH	Shrimp-Spieße mit Melone S. 103	+									+	+
	Lachs-Tatar auf Apfel-Gurken-Salat S. 100											
	Kabeljau mit Pistazienkruste S. 108									+		
	Zucchini-»Pad-Thai« mit Garnelen S. 106										+	
	Lachs-Zitronen-Spieße S. 104				+	+				+		+
	Zanderfilet mit Pfirsich-Sauce S. 107								+			+
VEGETA-RISCH bzw. mit Speck	Kohl-Burritos mit Süßkartoffel-Raspeln S. 111				+	+	+	+				
	Aprikosen-Karotten-Curry S. 112								+			
	Scharfe Blumenkohl-Bratlinge S. 113		+		+					+		
	Zucchini-Nudeln S. 115	+			+	+						

UNSER LIEBLINGSMENÜ

WIR WERDEN OFT GEFRAGT, WAS EIGENTLICH UNSER LIEBLINGSESSEN IST. GANZ EHRLICH? WIR LIEBEN ES, NEUE SACHEN AUSZUPROBIEREN, UND KOCHEN NUR GANZ SELTEN ZWEIMAL DASSELBE.

AUS DIESEM BUCH HABEN WIR ABER EIN »MENÜ« ALS FAVORITEN: ES KOMBINIERT NICHT NUR INTERESSANTE GESCHMÄCKER, SONDERN LÄSST SICH ZEITLICH AUCH ZIEMLICH GUT KOORDINIEREN, DA SICH DER GRÖSSTE TEIL GUT VORBEREITEN LÄSST UND MAN NICHT STUNDENLANG IN DER KÜCHE STEHT, WÄHREND DIE GÄSTE WARTEN.

VORSPEISE:

KAROTTENSOUFFLÉ SEITE 129

HAUPTGERICHT:

RINDERFILET SEITE 93

KRÄUTERGHEE SEITE 137

DATTELSALAT MIT

KAFFEE-VINAIGRETTE SEITE 132

DESSERT:

SCHOKO-CHILI-MOUSSE SEITE 173

INDISCHES HÄHNCHEN »TIKKA-MASALA«

Für 2 Portionen

Zubereitungszeit: aktiv: 25 Minuten / gesamt: 35 Minuten

400 g Hähnchenfilet

Für die Marinade:

250 ml Kokosmilch

1 EL Zitronensaft

1 ½ TL Currypulver

1 TL Korianderpulver

½ TL Kreuzkümmel (Cumin)

½ TL Paprikapulver

Salz, Pfeffer

Für das Curry:

1 kleine Zwiebel

1 kleines Stück Ingwer (etwa 1 cm)

2 Knoblauchzehen

½ grüne Paprika

1 EL Ghee

½ TL Zimt

½ TL Cayennepfeffer

½ TL gemahlene Nelken

½ Dose stückige Tomaten (200 g)

1 Handvoll frischer Koriander

2 EL gemahlene Mandeln

Nährwert pro Portion:
636 kcal / 54 g E / 42 g F / 9 g KH

Die Hähnchenfilets waschen, trockentupfen und in mundgerechte Stücke schneiden.

Für die Marinade 50 ml Kokosmilch mit dem Zitronensaft, dem Curry, Koriander, Kreuzkümmel und Paprikapulver sowie etwas Salz und Pfeffer verrühren. Die Filetstücke mit der Marinade in einer Schüssel mischen. Für einen noch intensiveren Geschmack das Ganze im Kühlschrank etwa 1 Stunde marinieren lassen.

Die Zwiebel schälen und in feine Würfel schneiden. Ebenso den Ingwer. Den Knoblauch abziehen und fein hacken. Die Paprika waschen, von den Kernen befreien und würfeln.

Das Ghee in einer Pfanne erhitzen und die Zwiebel, den Ingwer und den Knoblauch darin anschwitzen. Dann den Zimt, den Cayennepfeffer und die Nelken hineingeben und mitrösten. Anschließend die Hähnchenstücke mit der Marinade hinzufügen und gut anbraten. Die Paprika und die Tomaten dazugeben und das Ganze zugedeckt etwa 10 Minuten köcheln lassen.

Zum Schluss die restliche Kokosmilch unterrühren, das Curry noch einmal kurz aufkochen lassen und nach Belieben mit etwas Salz und Pfeffer abschmecken.

Zum Servieren den Koriander waschen, trockenschütteln, hacken und mit den gemahlenen Mandeln über das Curry streuen.

DAZU PASST: SEITE 80/81

TIPP

—

STATT DER EINZELNEN GEWÜRZE KANNST DU AUCH EINFACH FERTIGES »GARAM MASALA«, EINE INDISCHE GEWÜRZMISCHUNG, NEHMEN. ODER DU VERWENDEST DIE SELBST GEMACHTE ROTE CURRYPASTE (S. 193).

KRÄUTER-LEBERKÄSE
MIT HONIG-SENF-SAUCE

Für 4 Portionen

Für den Leberkäse:

350 g küchenfertige Leber vom Schwein

1 große Zwiebel

1 kleines Stück Ingwer (etwa 2 cm)

Je 2 Zweige Thymian und Majoran

1 Handvoll Petersilie

450 g Hackfleisch vom Schwein (oder gemischt)

2 TL Salz

Pfeffer

1 Prise geriebene Muskatnuss

1 TL Kokosöl

Für die Sauce:

2 EL Olivenöl

6 EL Dijon-Senf

2 EL Zitronensaft

2 EL Honig

Salz, Pfeffer

Küchenmaschine

Nährwert pro Portion:
567 kcal / 44 g E / 40 g F / 8 g KH

Zubereitungszeit: aktiv: 25 Minuten / gesamt: 75 Minuten

Den Ofen auf 160 °C vorheizen.

Für den Leberkäse die Leber waschen und in grobe Würfel schneiden. Die Zwiebel und den Ingwer schälen und ebenfalls grob würfeln. Die Kräuter waschen, trockenschütteln und hacken.

Alle Zutaten – auch das Hackfleisch – nach und nach in einer Küchenmaschine zu einer gleichmäßigen Masse (Farce) pürieren. Die Fleischmasse in eine gefettete Auflaufform geben, oben mit einem Messer rautenförmig einritzen und im Ofen etwa 55 Minuten backen.

In der Zwischenzeit alle Zutaten für die Sauce mischen. Ist der Leberkäse fertig, aus der Form stürzen und kurz abkühlen lassen.

Zum Servieren den Leberkäse in Scheiben schneiden und zusammen mit der Sauce reichen.

VARIATIONEN

Schweinebauch statt Leber verwenden.

TIPP

Bereite die Lebermasse lieber in mehreren Portionen zu, denn je nach Kraft der Küchenmaschine kann sie überhitzen.

DAZU PASST:
SEITE 80/81

TIPP

—

BESONDERS BEI LEBER IST DIE HERKUNFT UND FÜTTERUNG DER TIERE BESONDERS WICHTIG, DA DIE GIFTSTOFFE IN DEN ORGANEN (LEBER, NIEREN) GESPEICHERT WERDEN. VERWENDE LEBER VON FREILAUFENDEN BIO-SCHWEINEN.

STEAKSTREIFEN
AUF ARTISCHOCKEN-SALAT

Für 4 Portionen

Zubereitungszeit: 30 Minuten

Für das Dressing:

1 rote Chilischote

1 rote Zwiebel

1 Knoblauchzehe

8 EL weißer Balsamico-Essig

5 EL Olivenöl

Salz, Pfeffer

Für den Salat:

12 Artischockenherzen (aus der Dose)

100 g Champignons

2 EL Kokosöl

4 Minutensteaks vom Rind à 150 g

10 Handvoll Petersilie

Für das Dressing die Pfefferschote längs halbieren, entkernen und die Schote in feine Streifen schneiden. Die Zwiebel schälen, halbieren und in feine Ringe schneiden. Die Knoblauchzehe abziehen und fein hacken. Dann alle Zutaten gut verrühren. Mit Salz und Pfeffer abschmecken.

Für den Salat die Artischockenherzen vierteln. Die Champignons mit einem Küchentuch putzen und in Scheiben schneiden.

1 EL Kokosöl in einer großen Pfanne erhitzen und darin die Artischocken und Champignons bei mittlerer Hitze etwa 6 Minuten anbraten. Mit Salz und Pfeffer würzen und in eine große Schüssel geben. Die Artischocken-Pilz-Mischung mit dem Dressing übergießen und den Salat zugedeckt etwa 10 Minuten ziehen lassen. Dabei mehrmals vorsichtig mischen.

Die Steaks mit Salz und Pfeffer würzen. Dann das restliche Kokosöl in einer Pfanne stark erhitzen und die Steaks je nach Dicke und gewünschter Konsistenz von beiden Seiten 1–3 Minuten braten.

Zum Servieren die Petersilie waschen, trockentupfen, grob hacken und unter den Salat mischen. Die Steaks in 2–3 cm dicke Streifen schneiden und auf den Artischocken-Salat geben.

Nährwert pro Portion:
368 kcal / 25 g E / 25 g F / 12 g KH

DAZU PASST:
SEITE 80/81

DAS »PERFEKTE« RINDERFILET

Für 2 Portionen

2 Rinderfilets à 180 g

Salz, Pfeffer

2 EL Ghee

Zubereitungszeit: aktiv: 10 Minuten / gesamt: 55 Minuten

Den Ofen auf 80 °C Umluft vorheizen.

Die Rinderfilets trockentupfen und von beiden Seiten mit Salz und Pfeffer würzen. Die Filets in eine mit ½ EL Ghee eingefettete Auflaufform oder ofenfeste Schale legen und im Ofen bis zur gewünschten Konsistenz garen (siehe unten).

Das restliche Ghee in einer Pfanne auf hoher Stufe erhitzen und die Rinderfilets darin von beiden Seiten etwa 1 Minute scharf anbraten. Anschließend servieren.

Garzeiten im Ofen:

- »rare« = 40 Minuten
- »medium« = 45 Minuten
- »well done« = 50 Minuten

TIPP

Für ein tolles Aroma kannst du das Fleisch auch mit Thymianzweigen und abgezogenen Knoblauchzehen belegen, bevor du es im Ofen garst.

KOMMENTAR

Die Reihenfolge der Zubereitung ist ungewohnt, das ist uns klar. Aber probiere es aus und du wirst es niemals mehr anders machen wollen.

Nährwert pro Portion:
306 kcal / 38 g E / 12 g F / 0 g KH

DAZU PASST: SEITE 80/81

KOKOS-GULASCH

Für 2 Portionen

Zubereitungszeit: aktiv: 15 Minuten / gesamt: 1 ¾ Stunden

5 Schalotten

2 EL Kokosöl

400 g Gulasch vom Rind

1 EL rote Currypaste (S. 193)

150 ml Kokosmilch

Salz, Pfeffer

1 Bio-Limette

20 g Kokoschips

Die Schalotten schälen und würfeln.

2 EL Kokosöl in einem Topf erhitzen und die Gulasch-Stücke darin etwa 1 Minute anbraten. Die Schalotten und die Currypaste hinzugeben und das Ganze weitere 2 Minuten unter Rühren scharf anbraten. Dann mit 50 ml Wasser ablöschen, kurz aufkochen lassen, die Kokosmilch dazugießen und mit Salz und Pfeffer würzen. Anschließend das Gulasch offen etwa 1½–2 Stunden bei niedriger Temperatur köcheln lassen. Je nach Bedarf mit etwas mehr Kokosmilch auffüllen.

Die Limette waschen, die Schale abreiben und den Saft auspressen. Kurz vor Ende der Garzeit das Gulasch mit etwas Limettensaft abschmecken.

Zum Servieren das Gulasch portionsweise auf Tellern verteilen und mit den Kokoschips sowie etwas Limettenschale bestreuen.

Nährwert pro Portion:
626 kcal / 44 g E / 48 g F / 4 g KH

DAZU PASST: SEITE 80/81

ASIATISCHER BLUMENKOHLREIS

Für 4 Portionen

1 Blumenkohl
350 g Brokkoli
250 g Champignons
1 Zwiebel
2 rote Paprika
1 kleines Stück Ingwer (etwa 2 cm)
2 Knoblauchzehen
1 Chilischote
3 EL Kokosöl
500 g Hackfleisch vom Rind
2 EL Apfelessig
2 EL Zitronensaft
1 TL Korianderpulver
2 EL Fischsauce
Salz, Pfeffer

4 EL gehackte Mandeln

Küchenmaschine
Wok

Zubereitungszeit: 40 Minuten

Den Blumenkohl waschen, von den Blättern und dem Strunk befreien und mithilfe einer Küchenmaschine zu »Blumenkohlreis« (S. 115) verarbeiten.

Den Brokkoli waschen und in kleine Röschen teilen. Die Champignons mit einem Küchentuch putzen und in Scheiben schneiden. Die Zwiebel schälen und in Würfel schneiden. Die Paprika waschen, entkernen und würfeln. Ingwer schälen, Knoblauch abziehen und beides fein hacken. Die Chilischote längs halbieren, von den Kernen befreien und fein hacken.

Den Brokkoli in einem Topf mit kochendem Wasser etwa 5 Minuten köcheln lassen oder mit wenig Wasser dünsten.

2 EL Kokosöl in einem Wok erhitzen und darin die Zwiebel mit dem Ingwer, dem Knoblauch und der Chili anschwitzen. Dann das Hackfleisch hinzufügen und krümelig braten. Anschließend den »Blumenkohlreis«, die Champignons, die Paprikawürfel sowie 1 EL Kokosöl dazugeben und braten. Den gekochten Brokkoli, den Essig, den Zitronensaft, das Korianderpulver und die Fischsauce untermischen und mit Salz und Pfeffer abschmecken.

Den asiatischen »Blumenkohlreis« noch etwa 5 Minuten sanft köcheln lassen und zum Servieren mit gehackten Mandeln bestreuen.

Nährwert pro Portion:
555 kcal / 42 g E / 36 g F / 15 g KH

DAZU PASST: SEITE 80/81

TOMATEN-CEVAPCICI

Für 2 Portionen

500 g Hackfleisch vom Rind

1 Zwiebel

2 Knoblauchzehen

2 EL Mandeln, gemahlen

2 EL passierte Tomaten

6 getrocknete Tomaten

Salz, Pfeffer

2 TL Paprikapulver

2 EL Kokosöl

Zubereitungszeit: 35 Minuten

Die Zwiebel und den Knoblauch abziehen und fein hacken. Die getrockneten Tomaten ebenfalls fein hacken. Die Zwiebel, den Knoblauch und die Tomaten mit den übrigen Zutaten gut verkneten. Dann aus der Hackfleisch-Masse Würstchen (Cevapcici) formen (Ø etwa 4 cm, Länge 8 cm).

Das Kokosöl in einer Pfanne erhitzen und die Cevapcici etwa 10 Minuten von allen Seiten braten.

Nährwert pro Portion:
740 kcal / 55 g E / 56 g F / 5 g KH

DAZU PASST:
SEITE 80/81

KOHLRABI-SPINAT LASAGNE

Für 4 Portionen

Zubereitungszeit: aktiv: 35 Minuten / gesamt: 50 Minuten

750 g Blattspinat
(oder 600 g TK-Spinat)

1 kg Kohlrabi (etwa 3 Stück)

2 Zwiebeln

1 Knoblauchzehe

4 Tomaten

2 EL Kokosöl

400 g Hackfleisch vom Rind

400 ml Kokosmilch

1 Prise geriebene Muskatnuss

Salz, Pfeffer

etwas Kokosöl

2 EL Sonnenblumenkerne

Gemüsehobel

Den Ofen auf 150 °C Umluft vorheizen.

Den Spinat waschen und putzen oder auftauen und abtropfen lassen. Die Kohlrabi schälen, waschen, in dünne Scheiben schneiden (z. B. mit einem Gemüsehobel) und in wenig kochendem Salzwasser etwa 2–3 Minuten bissfest dünsten.

Die Zwiebeln und den Knoblauch abziehen und fein würfeln. Die Tomaten waschen, den Strunk entfernen und das Tomatenfleisch würfeln.

Das Kokosöl in einer Pfanne erhitzen und die Zwiebeln mit dem Knoblauch darin anbraten. Das Hackfleisch hinzugeben und ebenfalls anbraten. Dann den Spinat und die Tomaten hineingeben und sanft köcheln lassen, bis der Spinat zusammenfällt. Anschließend die Kokosmilch dazu gießen, aufkochen und etwa 2 Minuten köcheln lassen. Mit dem Muskat sowie Salz und Pfeffer würzen.

Eine Auflaufform (etwa 20 x 30 cm) mit etwas Kokosöl einfetten. Dann abwechselnd zuerst die Kohlrabi-Scheiben, dann die Hackfleisch-Sauce darin schichten. Mit Kohlrabi abschließen. Die Lasagne im Ofen auf unterer Schiene etwa 15 Minuten backen.

Inzwischen die Sonnenblumenkerne ohne Fett in einer Pfanne bei geringer Temperatur rösten. Ist die Lasagne fertig, herausnehmen und zum Servieren mit den Kernen bestreuen.

Nährwert pro Portion:
690 kcal / 36 g E / 52 g F / 17 g KH

DAZU PASST:
SEITE 80/81

LACHS-TATAR
ASIATISCH MIT APFEL-GURKEN-SALAT

Für 2 Portionen

Zubereitungszeit: 20 Minuten

Für das Dressing:

1 EL Cashewkerne

1 Knoblauchzehe

3 EL Olivenöl

2 EL Fischsauce

Für das Tatar:

2 Frühlingszwiebeln

200 g frisches Lachsfilet ohne Haut

1 TL Sesamöl

½ TL Ingwerpulver

1 Prise Chilipulver

Für den Salat:

½ Gurke

1 grüner Apfel

2 EL Zitronensaft

1 Römersalatherz

Salz, Pfeffer

1 Limette oder ½ Beet Kresse

Für das Dressing die Cashewkerne und den Knoblauch fein hacken und in einer kleinen Schale mit 2 EL Olivenöl, 1 EL Fischsauce und etwas Pfeffer würzen.

Für das Tatar den Lachs sehr fein würfeln und mit ½ EL Olivenöl, dem Sesamöl, der restlichen Fischsauce und 1 EL Zitronensaft mischen. Das Lachs-Tatar mit dem Ingwer- und dem Chilipulver sowie etwas Salz würzen.

Für den Salat die Gurke schälen, halbieren, die Kerne mit einem Teelöffel entfernen und die Gurke in feine Streifen schneiden. Den Apfel waschen, vom Kerngehäuse befreien, ebenfalls in feine Streifen schneiden und diese mit ½ EL Zitronensaft beträufeln. Den Römersalat und die Frühlingszwiebeln waschen, putzen, trockenschütteln und in feine Streifen bzw. Ringe schneiden. Beides unter die Apfel-Gurken-Mischung heben und den Salat mit dem restlichen Zitronensaft und Olivenöl mischen. Mit etwas Salz abschmecken.

Zum Servieren den Salat auf zwei Tellern verteilen, je einen »Klecks« Lachs-Tatar daraufsetzen und das Dressing darübergeben. Die Limette waschen, achteln und zum Beträufeln dazu reichen. Wer es weniger säuerlich mag, kann die Limette durch frische Kresse ersetzen.

Nährwert pro Portion:
498 kcal / 23 g E / 38 g F / 17 g KH

DAZU PASST:
SEITE 80/81

TIPP

—

VERWENDE FÜR TATAR NUR ABSOLUT FRISCHEN FISCH UND BEWAHRE, FALLS NÖTIG, DAS GERICHT NUR KURZ VOR DEM SERVIEREN IM KÜHLSCHRANK AUF.

SHRIMP-SPIESSE
MIT MELONE UND AVOCADO

Für 2 Portionen

Zubereitungszeit: aktiv: 30 Min. / gesamt: 1½ Stunden

Für die Marinade:

1 Chilischote

1 Knoblauchzehe

1 kleines Stück Ingwer (etwa 2 cm)

1 Bund frische Minze

250 ml Kokosmilch

5 EL Zitronensaft

1 EL Fischsauce

24 küchenfertige Garnelen (TK oder frisch)

1 Avocado

300 g Wassermelone

1 EL Kokosöl

Küchenmaschine oder Stabmixer

8 Holzspieße

Für die Marinade die **Chilischote** waschen, putzen und in Ringe schneiden. Den Knoblauch abziehen, den Ingwer schälen und beides grob würfeln. Die Minze waschen, trockenschütteln und grob hacken. Dann alle Zutaten für die Marinade mithilfe einer Küchenmaschine oder eines Stabmixers pürieren.

Die Garnelen mit der Marinade in einer Schüssel mischen und im Kühlschrank etwa 1 Stunde marinieren.

Die Avocado halbieren und den Kern entfernen. Das Fruchtfleisch mit einem Esslöffel herausnehmen und in große Würfel schneiden. Die Wassermelone ebenfalls würfeln. Die marinierten Garnelen abwechselnd mit den Wassermelonen- und den Avocadowürfeln auf Spieße stecken.

Das Kokosöl in einer Pfanne schmelzen lassen und die Spieße darin etwa 6–8 Minuten anbraten, dabei einmal wenden und noch heiß servieren.

Nährwert pro Portion:
567 kcal / 50 g E / 31 g F / 20 g KH

DAZU PASST: SEITE 80/81

LACHS-ZITRONEN
SPIESSE

Für 2 Portionen

Zubereitungszeit: 20 Minuten

Für die Gewürzmischung:

1 Handvoll frischer Oregano

1 TL Sesamsamen

½ TL Kreuzkümmel (Kumin)

¼ TL Chilipulver

Für die Spieße:

500 g frisches Lachsfilet

1 Bio-Zitrone

1 EL Olivenöl

1 TL Kokosöl

Salz, Pfeffer

4 Holzspieße

Für die Gewürzmischung den Oregano waschen, trockenschütteln und hacken. Dann mit dem Sesam, dem Kreuzkümmel und dem Chilipulver in einer Schüssel mischen.

Für die Spieße den Lachs abspülen, trockentupfen und würfeln. Die Zitrone waschen und in Scheiben schneiden. Die Lachswürfel und die Zitronenscheiben abwechselnd auf die Spieße stecken. Die Spieße gleichmäßig mit dem Olivenöl einpinseln und mit der Gewürzmischung bestreuen.

Das Kokosöl in einer Pfanne erhitzen und die Spieße darin unter gelegentlichem Wenden etwa 8 Minuten anbraten. Zum Schluss mit Salz und Pfeffer würzen.

Nährwert pro Portion:
594 kcal / 50 g E / 44 g F / 0 g KH

DAZU PASST: SEITE 80/81

KABELJAU
MIT PISTAZIENKRUSTE

Für 2 Portionen

400 g Kabeljau-Filets
40 g Pistazien
½ TL Kokosöl

½ Bio-Zitrone
1 Handvoll Petersilie

Küchenmaschine oder Stabmixer

Zubereitungszeit: aktiv: 10 Minuten / gesamt: 25 Minuten

Den Ofen auf 180 °C vorheizen.

Den Fisch abspülen und trockentupfen. Die Pistazien mithilfe einer Küchenmaschine oder eines Stabmixers klein hacken.

Eine Auflaufform mit dem Kokosöl bestreichen und die Kabeljaufilets hineinlegen. Die Pistazien über den Fisch verteilen, dabei leicht andrücken und das Ganze im Ofen etwa 20 Minuten backen. Dabei die restlichen 3 Minuten den Grill zuschalten.

Die Zitrone waschen, die Schale abreiben und den Saft auspressen. Die Petersilie waschen, trockenschütteln und fein hacken.

Zum Servieren den Fisch aus der Form nehmen, auf 2 Tellern verteilen und mit dem Sud sowie dem Zitronensaft beträufeln. Dann mit dem Zitronenabrieb und der Petersilie bestreuen.

Nährwert pro Portion:
323 kcal / 44 g E / 13 g F / 2 g KH

DAZU PASST:
SEITE 80/81

TIPP

DER FISCH IST GAR, WENN DAS FLEISCH MILCHIG WEISS UND »BLÄTTRIG« AUSSIEHT.

KOHL-BURRITOS
MIT SÜSSKARTOFFEL-RASPELN

Für 2 Portionen

Zubereitungszeit: ca. 35 Minuten

2 große Wirsingblätter

1 Avocado

Salz, Pfeffer

Saft von ½ Limette (optional)

4 Scheiben Speck (Bacon)

1 Süßkartoffel

4 Eier

Salz, Pfeffer

1 TL Paprikapulver

Gemüsehobel oder Küchenmaschine

Die Wirsingblätter waschen, trockentupfen, eventuell den unteren Teil des harten Strunkes entfernen und die Blätter nebeneinander ausbreiten.

Die Avocado halbieren und den Kern entfernen. Das Fruchtfleisch mit einem Esslöffel herausnehmen, in eine Schüssel geben und mit einer Gabel zerdrücken. Mit Salz, Pfeffer und ggf. dem Limettensaft abschmecken. Die Avocado-Creme auf die Mitte der Kohlblätter setzen.

Die Süßkartoffel schälen und mit dem Gemüsehobel oder der Küchenmaschine fein raspeln. Den Speck in einer Pfanne ohne Fett knusprig anbraten und aus der Pfanne nehmen. Die Süßkartoffelraspel etwa 8 Minuten im verbliebenen Fett anbraten, bis sie gar sind. Anschließend die gebratenen Raspel gleichmäßig auf den Wirsingblättern verteilen.

Die Eier aufschlagen und in einer Schüssel mit Salz, Pfeffer und dem Paprikapulver verquirlen.

Dann die Eiermischung in die Pfanne hineingießen und ab und zu rühren, bis sie die gewünschte Konsistenz erreicht haben. Das Rührei halbieren und ebenfalls auf die Wirsingblätter setzen.

Zum Schluss je 2 Scheiben Speck über das Rührei legen, die Wirsingblätter wie »Burritos« falten, aufrollen und genießen!

VARIATIONEN

- statt Speck angebratene Hähnchenbrust-, Rindfleischstreifen oder Hackfleisch
- statt Süßkartoffel angebratener Blumenkohlreis (S. 115)

Pro Nährwert pro Portion:
478 kcal / 23 g E / 24 g F / 19 g KH

DAZU PASST: SEITE 80/81

GEMÜSE BASICS

Aus Blumenkohl und Zucchini lassen sich im Handumdrehen verschiedene Beilagen oder auch ganze Gerichte zaubern. Diese eignen sich hervorragend, um u.a. Currys und Hauptspeisen zu ergänzen.

BLUMENKOHLREIS

Den Blumenkohl waschen, von den Blättern und dem Strunk befreien und mithilfe einer Küchenmaschine auf »Reisgröße« zerkleinern. Dabei darauf achten, dass die Küchenmaschine maximal zu 1/3 gefüllt wird. Anschließend wie in den Rezepten angegeben weiterverarbeiten. Alternativ kannst du den Blumenkohlreis in einer Pfanne mit Kokosöl oder Ghee erhitzen und nach Belieben z. B. mit Curry, frischen Kräutern, Salz, Pfeffer, Kokosmilch und Kokosraspeln usw. verfeinern.

TIPP

Wer keine Küchenmaschine hat, kann auch eine Käsereibe verwenden. Allerdings sollte man dann ausreichend Geduld und Zeit mitbringen.

ZUCCHINI-NUDELN

Die Zucchini waschen, putzen, die Enden abschneiden – nicht schälen – und in die gewünschte Form schneiden. Für »Spaghetti«: mit einem Julienne- oder Spiralschneider in schmale Streifen schneiden. Für »Tagliatelle«: die Zucchini längs halbieren und mit einem Sparschäler oder einem Messer in breitere Streifen schneiden.

TIPP

Mit einem professionellen Julienne- oder Spiralschneider kannst du auch anderes Gemüse, wie Kohlrabi, Karotten, Rote Bete, Sellerie, Rettich usw., zu »Nudeln« verarbeiten.

ZUCCHINI MIT LIMETTEN-VINAIGRETTE

Für 2 Portionen

Zubereitungszeit: ca. 25 Minuten

Für die Vinaigrette:

½ Bund Dill

3 EL Olivenöl

2 EL Essig

2 EL Honig

1 EL körniger Senf

1 EL Limettensaft

Salz, Pfeffer

je 1 grüne und gelbe Zucchini

1 Limette

Nährwert pro Portion:
238 kcal / **2** g E / **19** g F / **14** g KH

Für die Vinaigrette den Dill waschen, trockenschütteln und fein hacken, dabei etwas für die Deko beiseite stellen. Dann 2 EL Öl mit den anderen Zutaten für die Vinaigrette gut verrühren. Mit Salz und Pfeffer abschmecken.

Die Zucchini waschen und nach Belieben in Würfel oder längs in dicke Scheiben schneiden. Dann die Zucchini mit dem restlichen Olivenöl in einer Pfanne anbraten.

Die Limette waschen und in Spalten schneiden. Zum Servieren die Zucchini auf Tellern anrichten, mit der Vinaigrette beträufeln und dem restlichen Dill sowie den Limettenspalten dekorieren.

ZUCCHINI-MELONEN-CARPACCIO

Für 2 Portionen

Zubereitungszeit: 20 Minuten

Für das Dressing:

1 EL Zitronensaft

2 EL Gemüsebrühe (S. 188)

2 EL weißer Balsamico-Essig

Salz, Pfeffer

3 EL Olivenöl

4 getrocknete Tomaten

2 EL Walnüsse

½ Honigmelone (nicht zu reif)

1 Zucchini

Gemüsehobel

Nährwert pro Portion:
399 kcal / **5** g E / **32** g F / **21** g KH

Für das Dressing den Zitronensaft, die Brühe, den Essig, Salz und Pfeffer und das Öl gut mischen. Die Tomaten würfeln, die Walnüsse grob hacken und beides zum Dressing geben. Eventuell noch mit Salz und Pfeffer abschmecken.

Die Honigmelone mit einem Messer – alternativ Gemüsehobel – in dünne Streifen schneiden. Die Zucchini waschen und ebenso längs in Scheiben hobeln.

Zum Servieren beide Streifensorten auf eine Platte legen und das Dressing darüberträufeln.

DAZU PASST:
SEITE 80/81

BUNTES RATATOUILLE

Für 2 Portionen

Zubereitungszeit: 30 Minuten

1 Aubergine
2 Zucchini
1 gelbe Paprika
3 Tomaten
1 Zwiebel
2 Knoblauchzehen
1 EL Kokosöl
1 EL Tomatenmark
Salz, Pfeffer
1 Lorbeerblatt
1 Handvoll frisches Basilikum

Das Gemüse waschen. Die Aubergine und die Zucchini in Würfel schneiden. Die Paprika von den Kernen befreien und ebenfalls würfeln. Die Tomaten vierteln, die Stielansätze entfernen und das Fruchtfleisch würfeln. Die Zwiebel schälen und fein würfeln. Den Knoblauch abziehen und pressen.

Das Kokosöl in einem Topf erhitzen und darin die Aubergine, die Paprika, die Zwiebel und den Knoblauch mit dem Tomatenmark etwa 3 Minuten anbraten. Mit Salz und Pfeffer würzen und das Lorbeerblatt hinzugeben. Das Ratatouille etwa 5 Minuten köcheln lassen, dann die Tomaten und die Zucchini zugeben und weitere 5 Minuten köcheln lassen.

Zum Servieren das Basilikum waschen, trockenschütteln, die Blätter abzupfen und unter das Ratatouille mischen.

Nährwert pro Portion:
134 kcal / 6 g E / 7 g F / 12 g KH

DAZU PASST:
SEITE 80/81

GEBRATENE BASILIKUM-TOMATEN

Für 2 Portionen

Zubereitungszeit: 25 Minuten

8 große Strauchtomaten

1 EL Basilikumpulver

2 Knoblauchzehen

1 EL Ghee

1 Handvoll Basilikum

2 EL Olivenöl

Salz und Pfeffer

Die Tomaten waschen, halbieren, den Strunk entfernen und die Schnittflächen mit Salz, Pfeffer und Basilikum-Pulver bestreuen. Den Knoblauch abziehen und in dünne Scheiben schneiden.

Das Ghee in einer Pfanne erhitzen und die Tomaten darin mit der Schnittfläche nach unten etwa 10 Minuten zugedeckt bei mittlerer Temperatur garen. Anschließend die Hitze erhöhen, den Knoblauch dazugeben und kurz mit anbraten.

Zum Servieren das Basilikum waschen, trockenschütteln und hacken. Die Tomaten aus der Pfanne nehmen, umdrehen und mit den gebratenen Knoblauchscheiben sowie dem Basilikum bestreuen. Zum Schluss die Tomatenhälften mit etwas Olivenöl beträufeln und nach Belieben mit Salz und Pfeffer abschmecken.

Nährwert pro Portion:
209 kcal / 3 g E / 18 g F / 9 g KH

ORANGEN-SPINAT MIT INGWER

DAZU PASST: SEITE 80/81

Für 2 Portionen

Zubereitungszeit: 25 Minuten

750 g Blattspinat (oder 600 g TK-Spinat)

1 mittleres Stück Ingwer (ca. 3 cm)

2 Knoblauchzehen

1 rote Chilischote

3 EL Kokosöl

1 TL Honig

2 EL Tomatenmark

Saft von 1 Orange

Salz, Pfeffer

1 TL Sesamsamen

Den Spinat waschen und putzen oder auftauen und abtropfen lassen. Den Ingwer schälen und in feine Streifen schneiden. Den Knoblauch abziehen und in dünne Scheiben schneiden. Die Chilischote fein hacken.

Frischen Spinat mit 2 EL Kokosöl in einer Pfanne anbraten. Herausnehmen und beiseite stellen. Bei TK-Spinat entfällt dieser Schritt. Das restliche Kokosöl in die Pfanne geben und darin Ingwer, Knoblauch und Chili anschwitzen. Den Honig und das Tomatenmark hinzufügen und kurz aufkochen. Dann den Orangensaft zugeben und etwa 2 Minuten köcheln lassen. Zum Schluss den Spinat unterheben, in der Sauce erwärmen.

Die Sesamsamen in einer Pfanne ohne Fett kurz rösten. Den Orangen-Spinat mit Salz und Pfeffer abschmecken und mit den Sesamsamen bestreut servieren.

Nährwert pro Portion:
284 kcal / 12 g E / 21 g F / 11 g KH

GERÖSTETER KOHL
MIT ZITRONE

Für 2 Portionen

Zubereitungszeit: aktiv: 10 Minuten / gesamt: 25 Minuten

1 Chinakohl
1 Bio-Zitrone
2 EL Olivenöl
Salz, Pfeffer

Auflaufform

Den Ofen auf 200 °C vorheizen.

Den Kohl waschen, halbieren und vorsichtig den Strunk entfernen. Dann den Kohl in insgesamt 8 gleiche Stücke teilen. Die Zitrone waschen und halbieren. Die eine Hälfte in Spalten schneiden, die andere Hälfte auspressen.

3 EL Zitronensaft mit dem Olivenöl vermischen und damit die Kohlstücke von allen Seiten bestreichen. Den Kohl in einer Auflaufform etwa 25 Minuten im Ofen rösten, dabei die Kohlstücke nach etwa 15 Minuten vorsichtig wenden.

Zum Servieren den gerösteten Kohl mit den Zitronenspalten reichen.

Nährwert pro Portion:
137 kcal / 2 g E / 13 g F / 3 g KH

DAZU PASST:
SEITE 80/81

KOHLRABI-SALAT
MIT SESAM

Für 4 Portionen

Zubereitungszeit: 15 Minuten

Für das Dressing:

1 Knoblauchzehe

1 Bund Petersilie

4 TL Sesampaste (Tahini)

1 Zitrone

2 TL Honig

3 EL Wasser

1 Prise Paprikapulver

Salz, Pfeffer

Für den Salat:

1 Kohlrabi

½ Weißkohl

1 Avocado

¼ TL Paprikapulver

1 EL Sesamsamen

Wer mag, zusätzlich:

100 g getrocknete Cranberrys, Rosinen oder Kirschen

Gemüsehobel

Für das Dressing den Knoblauch abziehen und hacken. Die Petersilie waschen, trockenschütteln und ebenfalls hacken. Die Zitrone waschen, die Schale abreiben und den Saft auspressen. Dann alle Zutaten gut mischen. Mit Salz und Pfeffer abschmecken.

Für den Salat den Kohlrabi waschen, von Stängeln und Blättern befreien und mit einem Gemüsehobel in feine Streifen hobeln. Den Weißkohl ebenfalls in Streifen hobeln.

Die Avocado halbieren und den Kern entfernen. Das Fruchtfleisch mit einem Esslöffel herausnehmen, in Würfel schneiden und mit dem Kohlrabi, dem Weißkohl, dem Paprikapulver sowie dem Dressing in einer Schüssel mischen. Zum Schluss den Salat mit Sesamsamen bestreuen.

Wer mag, kann noch Cranberrys oder anderes getrocknetes Obst unterheben.

Nährwert pro Portion:
199 kcal / 8 g E / 10 g F / 18 g KH

DAZU PASST: SEITE 80/81

DATTEL-SALAT
MIT KAFFEE-VINAIGRETTE

Für 2 Portionen

Zubereitungszeit: 15 Minuten

Für das Dressing:

1 ½ TL Kaffeepulver

1 ½ TL Senf

1 TL Honig

Saft ½ Orange

3 EL Balsamico

3 EL Olivenöl

Salz, Pfeffer

Für den Salat:

½ Kopf Eisbergsalat

3 EL Pinienkerne

50 g Datteln ohne Stein

½ Bund Petersilie

Für das Dressing alle Zutaten gut verrühren. Mit Salz und Pfeffer abschmecken.

Den Salat waschen, putzen, abtropfen lassen und in mundgerechte Stücke zupfen. Die Pinienkerne ohne Fett in einer Pfanne kurz rösten. Die Datteln in Scheiben schneiden. Die Petersilie waschen, trockenschütteln und fein hacken.

Alle Zutaten für den Salat in eine große Schüssel geben und gut mit dem Dressing mischen.

▶ Bild auf Seite 83

Nährwert pro Portion:
393 kcal / 5 g E / 26 g F / 32 g KH

DAZU PASST:
SEITE 80/81

FENCHEL-APFEL
SALAT

Für 2 Portionen

Zubereitungszeit: 15 Minuten

Für das Dressing:
2 EL Zitronensaft
2 TL Honig
½ TL Senf
1 EL Apfelessig
3 EL Olivenöl
Salz, Pfeffer

Für den Salat:
1 Fenchel
1 grüner Apfel
100 g Feldsalat
1 kleine Schalotte

50 g Walnüsse

Gemüsehobel

Für das Dressing alle Zutaten gut verrühren. Mit Salz und Pfeffer abschmecken.

Für den Salat den Fenchel waschen, putzen, halbieren und mit dem Gemüsehobel in dünne Streifen schneiden. Den Apfel waschen, vierteln, vom Kerngehäuse befreien und mit einem Gemüsehobel in dünne Scheiben schneiden. Den Feldsalat waschen, putzen und trockenschütteln. Die Schalotte abziehen und würfeln.

Die Walnüsse grob hacken. Dann alle Zutaten für den Salat in eine große Schüssel geben, gut mit dem Dressing mischen und mit den Walnüssen bestreuen.

▶ Bild auf Seite 79

Nährwert pro Portion:
438 kcal / 9 g E / 34 g F / 23 g KH

DAZU PASST:
SEITE 80/81

TOMATEN-GURKEN-SALAT MIT KOKOSDRESSING

Für 2 Portionen

Zubereitungszeit: 20 Minuten

Für das Dressing:

Saft von 1 Limette

80 ml Kokosmilch

Salz, Pfeffer

Für den Salat:

1 rote Zwiebel

250 g Kirschtomaten

1 Gurke

2 Romana Salatherzen

Nährwert pro Portion:
166 kcal / 6 g E / 10 g F / 11 g KH

Für das Dressing alle Zutaten gut verrühren. Mit Salz und Pfeffer abschmecken.

Für den Salat die Zwiebel schälen und in kleine Würfel schneiden. Die restlichen Zutaten waschen. Dann die Tomaten halbieren. Die Gurke längs halbieren, mit einem Teelöffel die Kerne entfernen und die Hälften in dicke Scheiben schneiden. Die Salatherzen in mundgerechte Stücke zupfen.

Alle Zutaten für den Salat in eine große Schüssel geben, gut mit dem Dressing mischen und nach Geschmack mit Salz und Pfeffer abschmecken.

VARIATIONEN

- Mangowürfel untermischen
- gebratene Hähnchenstreifen untermischen

MANGO-OLIVEN-SALAT

Für 2 Portionen

Zubereitungszeit: 20 Minuten

1 reife Mango

60 g schwarze Oliven in Öl

1 rote Zwiebel

2 EL Essig

3 EL Olivenöl

Salz, Pfeffer

4 Stiele Oregano

Nährwert pro Portion:
275 kcal / 1 g E / 22 g F / 18 g KH

Die Mango schälen und das Fruchtfleisch in dicke Scheiben schneiden, dann die Scheiben in Streifen schneiden. Die Oliven abtropfen lassen und grob hacken. Die Zwiebel schälen und in feine Ringe schneiden. Dann die Mango, die Oliven und die Zwiebel mit Essig und Öl in einer Schüssel mischen und mit Salz und Pfeffer abschmecken.

Zum Servieren den Oregano waschen, trockenschütteln, die Blätter von den Stielen zupfen und unter den Salat mischen.

DAZU PASST:
SEITE 80/81

FRISCHE GURKEN-FENCHEL-SALSA

Für ca. 750 g / 2 Portionen

Zubereitungszeit: 20 Minuten

- 1 Gurke
- 1 kleine Fenchelknolle
- 4 EL Olivenöl
- 3 EL Zitronensaft
- 3 Frühlingszwiebeln
- 1 Chilischote
- 1 kleines Stück Ingwer (etwa 2 cm)
- Salz, Pfeffer

Die Gurke waschen, längs halbieren und mit einem Teelöffel die Kerne entfernen. Den Fenchel waschen und putzen. Dann die Gurkenhälften sowie den Fenchel fein würfeln und in einer Schüssel mit dem Öl und dem Zitronensaft mischen.

Die Frühlingszwiebeln waschen, putzen und in feine Ringe schneiden. Die Chilischote halbieren, von den Kernen befreien und fein hacken. Den Ingwer schälen und ebenfalls fein hacken. Die Frühlingszwiebeln, die Chili und den Ingwer zur Gurken-Fenchel-Mischung geben und die Salsa gut mischen. Mit Salz und Pfeffer abschmecken. (Haltbarkeit: im Kühlschrank etwa 3 Tage)

Nährwert pro Portion:
236 kcal / 4 g E / 21 g F / 8 g KH

ASIA-JALAPEÑO-SAUCE

Für 400 ml / 4 Portionen

Zubereitungszeit: 25 Minuten

- 400 g Jalapeños (oder andere Chilischoten)
- 4 Knoblauchzehen
- 40 ml Apfelessig
- 2 EL Tomatenmark
- 1 große Dattel (getrocknet, entsteint)
- 1 ½ EL Fischsauce
- 1 TL Salz
- Pfeffer

Die Jalapeños waschen, längs halbieren, entkernen und hacken. Die Knoblauchzehen abziehen und fein hacken.

Alle Zutaten in einer Küchenmaschine oder mit dem Stabmixer fein pürieren. Das Püree in einem Topf aufkochen lassen, dann die Hitze reduzieren und unter Rühren etwa 5–10 Minuten köcheln lassen. Zum Schluss nach Geschmack mit Salz, Pfeffer und der Fischsauce abschmecken.

Die Sauce in Schraubgläser füllen und im Kühlschrank lagern. (Haltbarkeit: im Kühlschrank etwa 1/2 Jahr)

Nährwert pro Portion:
36 kcal / 2 g E / 0 g F / 6 g KH

DAZU PASST: SEITE 80/81

SPINAT-PISTAZIEN-PESTO

Für ca. 250 g / 4 Portionen

Zubereitungszeit: 10 Minuten

40 g frischer Blattspinat (oder TK)

40 g frisches Basilikum

2 Knoblauchzehen

60 g ungesalzene, geröstete Pistazien

1 ½ EL Zitronensaft

½ TL Pfeffer

¼ TL Salz

100 ml Olivenöl

Küchenmaschine oder Mörser

Den Spinat waschen und putzen oder auftauen und abtropfen lassen. Das Basilikum waschen, trockenschütteln und grob hacken. Den Knoblauch abziehen und mit den Pistazien mithilfe einer Küchenmaschine oder eines Mörsers fein zerkleinern.

Danach den Spinat, das Basilikum, den Zitronensaft und das Öl hinzufügen und alles zu einer Creme pürieren. Bei Bedarf etwas mehr Olivenöl hinzufügen. Mit Salz und Pfeffer abschmecken und in Schraubgläser füllen. (Haltbarkeit: im Kühlschrank etwa 1 Woche)

Nährwert pro Portion:
198 kcal / 2 g E / 21 g F / 2 g KH

AVOCADO-PESTO

Für ca. 300 g / 4 Portionen

Zubereitungszeit: 10 Minuten

50 g Pinienkerne

1 Avocado

2 Knoblauchzehen

3 EL Zitronensaft

60 ml Olivenöl

1 Handvoll frisches Basilikum

Küchenmaschine oder Stabmixer

Die Pinienkerne ohne Fett in einer Pfanne bei geringer Temperatur goldbraun rösten und etwas abkühlen lassen. Die Avocado halbieren und den Kern entfernen. Das Fruchtfleisch mit einem Esslöffel herausnehmen und in Würfel schneiden. Die Knoblauchzehen abziehen und grob hacken.

Alle Zutaten in einer Küchenmaschine oder mit dem Stabmixer fein pürieren. Je nach Geschmack noch etwas Knoblauch oder Zitronensaft zugeben. (Haltbarkeit: im Kühlschrank etwa 1 Woche)

DAZU PASST:
SEITE 80/81

Nährwert pro Portion:
278 kcal / 2,5 g E / 28 g F / 5 g KH

UNSERE SAISONALEN LIEBLINGS-GERICHTE

SAISONAL UND REGIONAL KOCHEN SCHONT NICHT NUR DEN GELDBEUTEL, SONDERN AUCH DIE UMWELT. AUSSERDEM SCHMECKEN DIE PRODUKTE VON PRODUZENTEN AUS DER REGION MEIST VIEL BESSER. WIR HABEN DESHALB UNSERE LIEBLINGSREZEPTE AUS DEN EINZELNEN JAHRESZEITEN MIT GRÖSSTENTEILS REGIONALEN ZUTATEN ZUSAMMENGESTELLT. LASST ES EUCH SCHMECKEN!

ORANGEN-SPARGEL-AUFLAUF SEITE 149
STEAKSALAT MIT KIRSCH-SALSA 153
ROSENKOHL-APFEL-CURRY MIT GARNELEN 157

STAUB
STAUB

JANUAR
GRÜNKOHL MIT KASSELER

Für 2 Portionen

Zubereitungszeit: aktiv: 45 Min. / ges.: 2 Stunden, 35 Min.

2 l Gemüsebrühe (S. 188)
400 g frischer Grünkohl
500 g Kasseler Kotelett mit Knochen
2 Gewürznelken
2 Lorbeerblätter
6 Schalotten
1 Karotte
100 g Süßkartoffeln
3 EL Ghee
1 Prise Piment
Salz, Pfeffer
1 Prise geriebene Muskatnuss

Die Gemüsebrühe in einem Topf zum Kochen bringen. Den Grünkohl waschen, die dicken Blattrippen entfernen und die Blätter in der Brühe bei mittlerer Temperatur etwa 3 Minuten kochen.

Anschließend den Grünkohl herausnehmen und das Kasseler mit den Nelken und den Lorbeerblättern in der Brühe bei niedriger Temperatur etwa 30 Minuten gar ziehen lassen. Ist das Kasseler gar, herausnehmen, das Fleisch vom Knochen lösen und klein schneiden.

Den gekochten Grünkohl fein hacken. Die Schalotten abziehen, die Karotte und die Süßkartoffeln schälen. Die Schalotten fein würfeln, das Gemüse in etwa 1 cm große Würfel schneiden.

Das Ghee in einem Topf erhitzen und die Schalotten darin anbraten. Dann das gekochte Fleisch und den Grünkohl hinzugeben, kurz mitbraten und mit der Brühe ablöschen. Auf niedriger Temperatur etwa 1 Stunde zu einem Eintopf köcheln lassen. Danach die Karotte, die Süßkartoffeln sowie den Piment hinzugeben und weitere 20 Minuten weiterköcheln. Zum Schluss den Grünkohl mit Muskat, Salz und Pfeffer würzen.

KOMMENTAR

In Nicos Heimat auch »Braunkohl« genannnt, bildete dieses Gericht oft den krönenden Abschluss einer zünftigen Braunkohl-Wanderung im kalten und oft verschneiten Januar.

TIPP

Funktioniert natürlich auch mit TK-Grünkohl, schmeckt dann aber nicht ganz so »frisch«.

Nährwert pro Portion:
569 kcal / 66 g E / 23 g F / 24 g KH

FEBRUAR

OFENWURZELN MIT FORELLEN-DIP

Für 2 Portionen

Zubereitungszeit: aktiv: 25 Minuten / gesamt: 50 Minuten

Für die Ofenwurzeln:

2 Karotten

300 g Pastinaken

300 g frische Rote Bete

1 Bio-Zitrone

2 EL Olivenöl

Salz, Pfeffer

Für den Dip:

75 g geräuchertes Forellenfilet

100 ml Kokosmilch

2 TL Meerrettich

½ Bund Schnittlauch

Den Ofen auf 200 °C vorheizen.

Die Karotten und die Pastinaken schälen und längs vierteln. Die Rote Beete schälen, halbieren und in etwa 1 cm dicke Scheiben schneiden. Die Zitrone waschen, die Schale abreiben und den Saft auspressen.

Das Gemüse mit der Zitronenschale sowie 1 EL Olivenöl in einer Schüssel mischen und mit Salz und Pfeffer würzen. Anschließend gleichmäßig auf einem mit Backpapier ausgelegten Backblech verteilen und das Wurzelgemüse etwa 35 Minuten im Ofen garen, bis es bissfest ist.

Für den Dip das Forellenfilet in mundgerechte Stückchen zerteilen und mit der Kokosmilch, dem Meerrettich sowie 1 Spritzer Zitronensaft (nach Geschmack) verrühren. Mit Salz und Pfeffer abschmecken.

Den Schnittlauch waschen, trockenschütteln und in feine Röllchen schneiden. Zum Servieren das Gemüse mit dem restlichen Olivenöl beträufeln, den Schnittlauch darüberstreuen und den Forellen-Dip dazu reichen.

Nährwert pro Portion:
474 kcal / 15 g E / 26 g F / 45 g KH

MAI RHABARBER-KOMPOTT MIT INGWER

Für 4 Portionen

6 Stangen Rhabarber
2 Bio-Orangen
1 mittleres Stück Ingwer (etwa 3 cm)
150 g frische Himbeeren (oder TK)
3 EL Honig

Auflaufform

Zubereitungszeit: aktiv: 15 Minuten / gesamt: 45 Minuten

Den Ofen auf 200 °C vorheizen.

Die Rhabarber-Stangen abspülen und die Schale mit einem Messer abziehen. Die Stangen in etwa 5 cm lange Stücke schneiden und in eine Auflaufform geben. Den Ingwer schälen und in dünne Scheiben schneiden. Von einer Orange die Schale abreiben, dann beide Orangen auspressen.

Den Orangensaft und den -abrieb mit dem Ingwer und dem Honig mischen. Dann die Orangensauce über die Rhabarber-Stücke gießen und alles 30 Minuten im Ofen backen. Dabei nach etwa 15 Minuten Backzeit die Himbeeren über den Rhabarber geben und das Kompott fertig backen.

Nährwert pro Portion:
88 kcal / 2 g E / 0 g F / 17 g KH

JUNI ERDBEER-GAZPACHO

Für 2 Portionen

250 g Erdbeeren
½ Salatgurke
1 rote Paprika
1 Schalotte
½ Knoblauchzehe
¼ rote Chilischote
Salz, Pfeffer
2 EL Apfelessig
1 EL Olivenöl

Küchenmaschine oder Stabmixer

Zubereitungszeit: 15 Minuten

Die Erdbeeren waschen, putzen und in Stücke schneiden. Die Gurke schälen, längs halbieren und in Scheiben schneiden. Die Paprika waschen, entkernen und würfeln. Den Knoblauch abziehen und fein hacken. Die Chili waschen, entkernen und ebenfalls fein hacken.

Das vorbereitete Obst und Gemüse mit 50 ml kaltem Wasser mithilfe eines Stabmixers oder einer Küchenmaschine fein pürieren. Dann mit Salz, Pfeffer und dem Essig würzen.

Zum Servieren die Erdbeer-Gazpacho in kleine Teller oder Schälchen füllen, mit dem Olivenöl beträufeln und kalt reichen.

Nährwert pro Portion:
138 kcal / 3 g E / 7 g F / 14 g KH

JULI
TOMATEN-CHILI-SALAT

Für 2 Portionen als Beilagensalat

Zubereitungszeit: 10 Minuten

300 g reife Tomaten

1 gelbe Chili

2 EL Olivenöl

2 TL Apfelessig

Salz, Pfeffer

1 Handvoll frisches Basilikum

Die Tomaten waschen, putzen und in dünne Scheiben schneiden. Die Chili waschen, längs halbieren, entkernen und in feine Streifen schneiden. Das Basilikum waschen, trockenschütteln und hacken.

Zum Servieren die Tomaten-Scheiben fächerförmig auf einer Platte anrichten, die Chili-Streifen darübergeben und alles mit dem Essig und dem Öl beträufeln. Mit Salz und Pfeffer würzen und zum Schluss mit dem Basilikum bestreuen.

Nährwert pro Portion:
132 kcal / 1 g E / 12 g F / 4 g

AUGUST
STEAKSALAT MIT KIRSCH-SALSA

Für 2 Portionen

Zubereitungszeit: 35 Minuten

Für den Salat:

500 g Rindersteaks (Hüfte oder Nacken)

1 Knoblauchzehe

3 EL Zitronensaft

2 EL Olivenöl

Salz, Pfeffer

½ Kopfsalat

Für die Salsa:

300 g frische Kirschen

1 kleine rote Zwiebel

1 Handvoll Basilikum

6 EL Balsamico-Essig

2 EL Kokosöl

Wer mag, zusätzlich:

1 EL Sonnenblumenkerne

Die Steaks waschen und trockentupfen. Die Knoblauchzehe abziehen und fein hacken. Dann den Knoblauch mit dem Zitronensaft, dem Öl, sowie Salz und Pfeffer mischen. Die Steaks mit der Knoblauch-Mischung von allen Seiten einreiben.

Für die Salsa die Kirschen waschen, entsteinen und vierteln. Die Zwiebel schälen und in kleine Würfel schneiden. Das Basilikum waschen, trockenschütteln und hacken. Die Kirschen, die Zwiebel und das Basilikum in einer Schüssel mischen.

Den Balsamico in einer Pfanne kurz aufkochen lassen. Dann die Kirsch-Mischung dazugeben und etwa 1 Minute unter Rühren sanft köcheln lassen.

Das Kokosöl in einer Pfanne erhitzen und die Steaks darin etwa 5–7 Minuten von beiden Seiten anbraten.

Zum Servieren den Kopfsalat waschen, trockenschütteln und klein zupfen. Die gebratenen Steaks in Streifen schneiden, unter den Salat heben und die Kirschsalsa dazu reichen. Wer mag, kann den Salat noch mit Sonnenblumenkernen bestreuen.

TIPP

Die Salsa eignet sich auch gut als Sauce zu gegrilltem Fleisch.

▶ Bild auf Seite 143

Nährwert pro Portion:
735 kcal / 58 g E / 41 g F / 32 g KH

SEPTEMBER
LAMM-EINTOPF MIT PFLAUMEN

Für 4 Portionen

800 g Lammkeule (ohne Knochen)

4 Karotten

2 Gemüsezwiebeln

Je 1 Handvoll frischer Rosmarin, Petersilie und Thymian

2 Knoblauchzehen

3 EL Kokosöl

50 ml Balsamico-Essig

300 ml Gemüsebrühe (S. 188)

2 EL Tomatenmark

1 mittelgroßer Hokkaido-Kürbis

150 g Trockenpflaumen

Salz, Pfeffer

Bräter oder ofenfester Topf

Zubereitungszeit: aktiv 1 Stunde / gesamt 2 ½ Stunden

Den Ofen auf 180 °C vorheizen.

Das Lammfleisch in Würfel schneiden. Die Karotten schälen und in dicke Scheiben schneiden. Die Zwiebeln schälen und in dicke Ringe schneiden. Die Kräuter waschen, trockenschütteln und fein hacken. Den Knoblauch abziehen und pressen.

Das Lammfleisch in einem Bräter oder ofenfesten Topf mit 2 EL Kokosöl von allen Seiten etwa 5 Minuten anbraten. Dann herausnehmen und bis zur Weiterverwendung zugedeckt ziehen lassen.

Dann die Zwiebeln, die Karotten und den gepressten Knoblauch im Bräter mit dem restlichen Kokosöl etwa 2 Minuten anschwitzen. Anschließend mit dem Essig ablöschen. Die Gemüsebrühe und das Tomatenmark hinzufügen und kurz aufkochen lassen. Dann das gebratene Lammfleisch und die Kräuter unterheben, einen Deckel auflegen und das Ganze im Ofen etwa 1 Stunde zugedeckt schmoren lassen.

Inzwischen den Kürbis waschen (nicht schälen), halbieren, die Kerne entfernen und das Kürbisfleisch in Würfel schneiden. Die Pflaumen halbieren. Ist der Eintopf gar, die Kürbiswürfel und die getrockneten Pflaumen hinzugeben, mit Salz und Pfeffer würzen und weitere 20 Minuten schmoren.

Nährwert pro Portion:
507 kcal / 46 g E / 17 g F / 39 g KH

TIPP

—

DER HOKKAIDO-KÜRBIS MUSS – ANDERS ALS DIE MEISTEN ÜBRIGEN KÜRBISSORTEN – NICHT GESCHÄLT WERDEN.

DEZEMBER
SALTIMBOCCA VOM HIRSCH MIT PETERSILIENWURZELN

Für 4 Portionen

Zubereitungszeit: 40 Minuten

Für das Gemüse:

600 g Petersilienwurzeln

1 Schalotte

4 EL Ghee

7 EL Kokosöl

150 ml Gemüsebrühe (S. 188)

Für das Fleisch:

500 g Hirschlachse (alternativ: Hirschhüfte oder Rehrücken)

1 TL getrockneter Majoran

1 TL getrockneter Thymian

Salz, Pfeffer

12 Scheiben Parmaschinken

5 Stiele Petersilie

12 Zahnstocher

Für das Gemüse die Petersilienwurzeln schälen, längs halbieren und in etwa ½ cm dicke Scheiben schneiden. Die Schalotte schälen und fein würfeln.

Das Ghee und 1 EL Kokosöl in einem Topf erhitzen und die Schalotten darin anschwitzen. Dann die Petersilienwurzeln dazugeben und etwa 3 Minuten anbraten. Mit Salz und Pfeffer würzen. Dann mit der Gemüsebrühe ablöschen, kurz aufkochen lassen und die Petersilienwurzeln bei mittlerer Temperatur 15 Minuten zugedeckt köcheln lassen.

Für das Fleisch die Hirschlachse waschen, trockentupfen und in 12 Scheiben schneiden. Die Fleischscheiben flach klopfen. Die Kräuter mit Salz und Pfeffer mischen und die Fleischscheiben damit von beiden Seiten einreiben. Dann je 1 Scheibe Schinken auf die Fleischscheiben legen, diese zusammenklappen und mit einem Zahnstocher fixieren.

Das restliche Kokosöl in einer Pfanne erhitzen und die Hirsch-Saltimbocca von jeder Seite etwa 2–3 Minuten braun anbraten.

Zum Servieren die Petersilie waschen, trockenschütteln und hacken. Die Petersilienwurzeln auf 4 Tellern verteilen, mit der Petersilie bestreuen und je 3 Saltimbocca darauf setzen.

Nährwert pro Portion:
539 kcal / 42 g E / 37 g F / 10 g KH

DATTEL-POWER-KUGELN SEITE 64

APFEL-ZIMT-RIEGEL SEITE 68

WÜRZIGES FRUCHTEBROT SEITE 69

SÜSSKARTOFFEL-CRUNCHIES

Für 2 Portionen

Zubereitungszeit: aktiv: 15 Minuten / gesamt: 45 Minuten

1 große Süßkartoffel

1 EL Olivenöl

1 TL Gewürze nach Wahl (z. B. Thymian, Salz, Pfeffer, Zimt, Cayennepfeffer oder Paprikapulver)

Sparschäler oder Küchenmaschine

Den Ofen auf 150 °C vorheizen.

Die Süßkartoffel schälen und mit einem Sparschäler oder mit der Küchenmaschine in dünne Streifen hobeln. Die Süßkartoffel-Streifen in einer Schüssel gut mit dem Olivenöl und den Gewürzen mischen. Dann auf einem mit Backpapier ausgelegten Backblech verteilen und etwa 30 Minuten im Ofen backen, dabei die Chrunchies ab und zu wenden. Anschließend die noch weichen Chrunchies sofort herausnehmen und abkühlen lassen.

TIPP

Die Chrunchies werden erst beim Abkühlen knusprig. Am besten du legst sie daher auf ein Kuchengitter.

Nährwert pro Portion:
142 kcal / 1 g E / 6 g F / 19 g KH

KOCHBANANEN-CHIPS

Für 2 Portionen

Zubereitungszeit: aktiv: 10 Minuten / gesamt: 40 Minuten

2 grüne Kochbananen

2 EL Kokosöl

1 TL Salz

je 1 Prise Gewürze und Kräuter nach Wahl (z. B. Rosmarin, Chilipulver, Paprikapulver)

Den Ofen auf 175 °C Umluft vorheizen.

Die Banane schälen und in schräge, dünne Scheiben schneiden. Das Kokosöl schmelzen und mit den Bananenscheiben, dem Salz und der gewählten Gewürz- oder Kräutermischung in einer Schüssel gründlich mischen, bis alle Bananen mit Kokosöl bedeckt sind. Anschließend die Chips auf ein mit Backpapier ausgelegtes Backblech verteilen und etwa 25–30 Minuten im Ofen bis zur gewünschten Bräune backen.

TIPP

Kochbananen erhältst du im gut sortierten Asialaden.

Nährwert pro Portion:
319 kcal / 2 g E / 15 g F / 42 g KH

DATTEL-POWER
KUGELN

Für 10–15 Stück / 2 Portionen

Zubereitungszeit: 15 Minuten

½ Apfel

1 mittelgroße Karotte

1 kleines Stück Ingwer (etwa 1 cm)

180 g Datteln

65 g Cashewkerne

2 EL Chiasamen

2 EL Leinsamenmehl

½ TL Zimt

¼ TL geriebene Muskatnuss

¼ TL Salz

Gemüsehobel, Küchenmaschine oder Stabmixer

Den Apfel waschen, vom Kerngehäuse befreien und würfeln. Die Karotte schälen und mit einem Gemüsehobel oder mit der Küchenmaschine in feine Stifte raspeln.

Den Ingwer schälen und mit den Datteln, den Apfelstücken und den Karottenraspeln kurz mithilfe eines Stabmixers oder einer Küchenmaschine zu einer Masse verarbeiten. Dann die restlichen Zutaten hinzufügen und zu einem sämigen Teig pürieren.

Den Teig mit den Händen zu kleinen Bällchen formen und bis zum Servieren im Kühlschrank kühlen.

TIPP

Die Bällchen halten sich im Kühlschrank bis zu 5 Tage, tiefgekühlt bis zu 3 Monate.

▶ Bild auf Seite 161

Nährwert pro Portion:
473 kcal / 8 g E / 15 g F / 75 g KH

ZWEIERLEI ENERGIE»BÖMBCHEN«

Für 10 Pralinen / 2 Portionen

Zubereitungszeit: aktiv: 15 Min. / Kühlzeit: 20–40 Minuten

8 EL Kokosöl

2 TL Honig

Für Zitronen-»Bömbchen«:

1 Bio-Zitrone

Für Schoko-Zimt-»Bömbchen«:

2 TL Kakaopulver

½ TL Zimt

Pralinen- oder Eiswürfel-Form

Das Kokosöl in einem Topf erwärmen, bis es flüssig ist. Dann mit dem Honig verrühren und auf 2 Schälchen verteilen. Die Zitrone waschen, die Schale abreiben und den Saft auspressen.

Für die Zitronen-»Bömbchen« in ein Schälchen 1 TL Zitronenschale und 2 TL Zitronensaft geben. Für die Schoko-Zimt-»Bömbchen« in ein weiteres Schälchen das Kakaopulver und den Zimt geben.

Beides gut verrühren und die Flüssigkeiten in Mini-Muffin-, Pralinen- oder Eiswürfel-Formen gießen. Die »Bömbchen« etwa 40 Minuten im Kühlschrank oder 20 Minuten im Eisfach fest werden lassen. Dabei nach etwa der Hälfte der Zeit einmal kurz umrühren, damit sich keine Schichten bilden. Gekühlt servieren, da das Kokosöl bei Zimmertemperatur schnell weich wird.

TIPP

Die »Bömbchen« eignen sich besonders, wenn du einen erhöhten Energiebedarf hast, z. B. vor dem Training.

Nährwert pro Portion / Zitrone:
450 kcal / 0 g E / 45 g F / 5 g KH

Nährwert pro Portion / Schoko-Zimt:
460 kcal / 0 g E / 47 g F / 5 g KH

WALNUSS-CRACKER
MIT FEIGEN-DIP

Für ca. 90 Cracker / 8 Portionen

Zubereitungszeit: aktiv: 20 Minuten / gesamt: 35 Minuten

Für die Cracker:

120 g Walnüsse

350 g gemahlene Mandeln

1 ½ TL Salz

2 Eier

2 EL Olivenöl

Für den Dip:

1 Handvoll frischer Thymian

200 g getrocknete Feigen

100 g entsteinte Oliven

2 TL Balsamico-Essig

2 TL Olivenöl

Küchenmaschine oder Stabmixer

Den Ofen auf 180 °C vorheizen.

Für die Cracker die Walnüsse hacken und mit den restlichen Zutaten zu einem glatten Teig verkneten.

Den Teig in zwei Hälften teilen und auf zwei mit Backpapier ausgelegten Backblechen dünn ausrollen. Beim Rollen am besten auch den Teig mit Backpapier bedecken, damit er nicht am Nudelholz klebt. Beide Teige in etwa 5x5 cm große Quadrate schneiden und etwa 10–15 Minuten im Ofen backen. Die fertigen Cracker herausnehmen und abkühlen lassen.

Für den Dip den Thymian waschen, trockenschütteln und grob hacken. Die Feigen mithilfe eines Stabmixers oder einer Küchenmaschine kurz grob zerkleinern. Dann nach und nach 100–150 ml Wasser, Oliven, Essig, Öl und den Thymian hinzugeben und zu einer Creme pürieren. Ist die Masse zu trocken, gegebenenfalls noch etwas Wasser hinzugeben.

Nährwert pro Portion / Cracker:
394 kcal / 11 g E / 34 g F / 0 g KH

Nährwert pro Portion / Dip:
92 kcal / 1 g E / 3 g F / 14 g KH

SÜSSES UND DESSERTS

PALEO HAT AUCH EINIGES FÜR ECHTE NASCHKATZEN PARAT: UNSERE DESSERTS & SÜSSSPEISEN WERDEN AUCH DEINE SKEPTISCHSTEN FREUNDE VON PALEO ÜBERZEUGEN. DENN PALEO IST KEIN VERZICHT - SONDERN GENUSS. DA DARF NATÜRLICH AUCH DIE EIN ODER ANDERE SÜSSE (ABER GESUNDE) VERSUCHUNG NICHT FEHLEN.

BANANEN-PUDDING
AUF GRANATAPFEL-SALAT

Für 4 Portionen

Zubereitungszeit: 30 Minuten / gesamt: 45 Minuten

Für den Pudding:

3 Bananen

3 Eier

400 ml Kokosmilch

1 TL Vanille, gemahlen

Für den Salat:

6 Bio-Orangen

1 Granatapfel

1 Handvoll frische Minze

80 g Pistazien

1 EL Zimt

1 EL Öl (Olivenöl oder Walnussöl)

1 TL Zitronensaft

Küchenmaschine oder Stabmixer

eventuell große Ausstecher (Sterne, Herzen o.a.)

Den Ofen auf 150 °C vorheizen.

Für den Pudding die Bananen mit den Eiern, der Kokosmilch und der Vanille mithilfe eines Stabmixers oder einer Küchenmaschine zu einer glatten Masse pürieren.

Die Bananen-Masse auf einem mit Backpapier ausgelegtem Backblech verteilen und 30 Minuten im Ofen backen. Danach herausnehmen, abkühlen lassen und beliebige Formen aus der Masse ausstechen oder einfach in Rechtecke schneiden.

Für den Salat die Schale einer der Orangen abreiben. Dann alle Orangen schälen und filetieren (S. 47), dabei den austretenden Saft auffangen. Die Orangenfilets in mundgerechte Stücke schneiden.

Den Granatapfel halbieren, die Kerne vorsichtig herauslösen und den Saft dabei auffangen. Dies funktioniert am besten, wenn man von hinten mit einem Holzlöffel auf die Granatapfelhälften schlägt. Die Minze waschen und trockenschütteln. Die Pistazien hacken.

Die Orangen mit den Granatapfelkernen, der Minze und den Pistazien mischen. Dann den Orangensaft und -abrieb, den Zitronensaft, das Öl und den Zimt vermischen und über das Obst geben.

Zum Servieren den Orangensalat auf vier Tellern verteilen und die Bananen-Pudding-Portionen darauf setzen.

Nährwert pro Portion:
605 kcal / 14 g E / 40 g F / 43 g KH

MANDELMILCH-PANNA-COTTA MIT ERDBEER-SAUCE

Für 4 Portionen

Zubereitungszeit: aktiv: 40 Min. / gesamt: 3 Stunden, 40 Min.

Für die Panna-Cotta:

1 ½ EL Gelatine

200 ml Kokosmilch

2 TL Vanille, gemahlen

200 ml Mandelmilch (S. 194)

100 g Honig

Für die Sauce:

60 ml Balsamico-Essig

250 g frische Erdbeeren (oder aufgetaute TK-Erdbeeren)

2 EL Honig

1 EL Zitronensaft

1 TL Vanille, gemahlen

¼ TL Salz

Die Gelatine in einem Topf mit der Kokosmilch verrühren und etwa 3 Minuten quellen lassen. Dann die Vanille hinzufügen und das Ganze unter Rühren erhitzen (nicht kochen), bis sich die Gelatine aufgelöst hat.

Die Mandelmilch und den Honig unter die Kokosmilch rühren, den Topf vom Herd nehmen und die Masse etwa 10 Minuten abkühlen lassen.

Die Kokos-Mandelmilch-Masse auf 4 kleine Dessert-Schalen verteilen, mit Klarsichtfolie abdecken und die Panna-Cotta mindestens 3 Stunden im Kühlschrank fest werden lassen.

Für die Sauce den Balsamico in einem Topf erhitzen und bei niedriger Temperatur etwa 10–15 Minuten bis auf die Hälfte einkochen (reduzieren). Die Erdbeeren waschen, in Scheiben schneiden und mit den restlichen Zutaten zum Balsamico geben. Das Erdbeer-Ragout 10 Minuten köcheln lassen, dann vom Herd nehmen und mit einem Stabmixer zu einer Sauce pürieren.

Zum Servieren die Panna-Cotta zusammen mit der Erdbeersauce reichen.

VARIATIONEN

»Winter«: Pflaumen statt Erdbeeren und Zimt statt Vanille

Nährwert pro Portion:
261 kcal / 2 g E / 12 g F / 33 g KH

PROSCIUTTO-FRÜCHTE KÖRBCHEN

Für 6 Körbchen / 3 Portionen

Zubereitungszeit: aktiv: 15 Minuten / gesamt: 30 Minuten

Für die Körbchen:

120 g Prosciutto

Kokosöl zum Einfetten

Für die Füllung:

1 Aprikose

½ Mango

3 EL Zitronensaft

1 Bund Petersilie

1 Handvoll Johannisbeeren

Muffinblech

Den Ofen auf 180 °C vorheizen.

Für die Körbchen den Schinken in Quadrate (etwa 4x4 cm) schneiden und mit je 4 Quadraten eine mit Kokosöl gefettete Muffinform auskleiden. Dabei die Schinkenquadrate überlappend in die Förmchen drücken. Die Schinken-Körbchen etwa 15 Minuten im Ofen backen, anschließend aus der Form heben und auskühlen lassen.

Für die Füllung die Aprikose und die Mango waschen. Von der Aprikose den Kern entfernen. Die Mango schälen und das Fruchtfleisch in kleinen Stücken vom Kern abschneiden. Das gesamte Fruchtfleisch sehr klein würfeln und die Fruchtwürfel mit dem Zitronensaft mischen.

Die Petersilie waschen, trockenschütteln und die Blätter von den Stängeln zupfen. Dann den Boden der abgekühlten Schinkenkörbchen mit den Petersilienblättern auskleiden und die Fruchtmischung in die Körbchen setzen. Zum Servieren die Frucht-Körbchen mit Johannisbeeren dekorieren.

VARIATIONEN

- Wassermelone und Avocado mit Minzblättern
- Honigmelone und Weintrauben mit Mandelstiften
- Tomaten und Gurke mit Basilikum

TIPP

Muffinformen ohne Anti-Haft-Beschichtung sollten mit Backpapier ausgelegt werden.

Nährwert pro Portion:
162 kcal / 10 g E / 10 g F / 8 g KH

SELBST GEMACHTES

WENN DU DIE ZEIT HAST, DANN BEREITE DIESE GRUNDZUTATEN SO OFT ES GEHT SELBST ZU. DU WEISST, WAS DRIN IST, UND ES SCHMECKT MEIST VIEL BESSER. WENN DU AUF FERTIGE PRODUKTE (BRÜHPULVER, CURRYPASTEN UND CO.) AUS DEM SUPERMARKT ZURÜCKGREIFEN MUSST, DANN ACHTE DARAUF, DASS DIESE FREI VON ZUCKER, GETREIDE UND JEGLICHEN KÜNSTLICHEN ZUSATZSTOFFEN SIND.

RINDERBRÜHE

Für 3 Liter

800 g Markknochen

2 Karotten

1 Bund Suppengemüse (Sellerie, Lauch, Karotten, Petersilie)

400 g Suppenfleisch

1 Ochsenschwanz (optional)

1 EL Apfelessig

2 Zwiebeln

1 TL geriebene Muskatnuss (optional)

Salz, Pfeffer

Schaum- oder Suppenkelle

Passiertuch aus Leinen

Zubereitungszeit: aktiv: 25 Min. / gesamt: ca. 4 Stunden

Die Knochen in Stücke hacken oder vom Metzger hacken lassen. Die Karotten schälen und in grobe Stücke schneiden. Das Suppengemüse waschen und in grobe Stücke schneiden.

Die Rinderknochen mit dem Fleisch und gegebenenfalls dem Ochsenschwanz in einen Topf geben und diesen mit etwa 3 l Wasser auffüllen, bis die Knochen bedeckt sind. Den Apfelessig und etwas Salz hinzugeben und das Wasser zum Kochen bringen.

Inzwischen die Zwiebeln mitsamt der Schale halbieren und in einer Pfanne braun rösten.

Dann die Karotten, das Suppengemüse, die geröstete Zwiebelhälften und nach Geschmack den Muskat hineingeben und das Ganze etwa 3–4 Stunden bei mittlerer Temperatur zugedeckt langsam köcheln lassen. Wenn nötig, den Schaum der Bitterstoffe mit einer Schaum- oder Suppenkelle entfernen.

Danach die Brühe erst durch ein Sieb, dann durch ein feines Tuch in einen anderen Topf abseihen und nach Geschmack mit Salz und Pfeffer abschmecken. Das Fleisch gegebenenfalls in kleine Stücke schneiden und als Suppeneinlage verwenden.

Die Rinderbrühe entweder sofort servieren oder aufheben. Dann abkühlen lassen und sofort in ein luftdichtes Schraubglas füllen und im Kühlschrank lagern oder portionsweise einfrieren.

Haltbarkeit: gekühlt etwa 7 Tage, eingefroren etwa 3 Monate.

Nährwerte pro 1 l:
60 kcal / 3 g E / 3 g F / 4 g KH

HÜHNERBRÜHE

Für 3 Liter

1 Suppenhuhn (etwa 1 kg)

1 Bund Suppengemüse (Sellerie, Lauch, Karotten, Petersilie)

1 TL schwarze Pfefferkörner

1–2 Lorbeerblätter

2 große Zwiebeln

1 TL Ghee

Salz, Pfeffer

Schaum- oder Suppenkelle

Passiertuch aus Leinen

Zubereitungszeit: aktiv: 20 Minuten / gesamt: 2 Stunden

Das Suppenhuhn abspülen und eventuell zerkleinern. Das Suppengemüse waschen und in grobe Stücke schneiden.

Das Huhn in einen Topf geben und diesen mit etwa 3 l Wasser auffüllen. Dann das Wasser zum Kochen bringen.

Inzwischen die Zwiebeln mitsamt der Schale halbieren und in einer Pfanne braun rösten.

Dann das Suppengemüse, die gerösteten Zwiebelhälften und die Gewürze hineingeben und das Ganze zugedeckt etwa 1 ½ Stunden bei mittlerer Temperatur langsam köcheln lassen. Wenn nötig, den Schaum der Bitterstoffe mit einer Schaum- oder Suppenkelle entfernen.

Danach die Brühe erst durch ein Sieb, dann durch ein feines Tuch in einen anderen Topf abseihen und nach Geschmack mit Salz und Pfeffer abschmecken. Das Fleisch in kleine Stücke schneiden und als Suppeneinlage verwenden.

Die Hühnerbrühe entweder sofort servieren oder aufheben. Dann abkühlen lassen und sofort in ein luftdichtes Schraubglas füllen und im Kühlschrank lagern oder portionsweise einfrieren.

Haltbarkeit: gekühlt etwa 7 Tage, eingefroren etwa 3 Monate.

TIPP

Wenn du die Brühe in Eiswürfelformen einfrierst, kannst du sie später einfach portionieren.

TIPP

Das Fett beim Kochen nicht entfernen – für Geschmack und Nahrhaftigkeit!

Nährwerte pro 1 l:
40 kcal / 3 g E / 1 g F / 4 g KH

GEMÜSEBRÜHE

Für 3 Liter

Zubereitungszeit: Aktiv: 20 Min. / gesamt: 55 Min.

2 Lauchstangen

2 Karotten

1 mittlere Sellerieknolle
(oder ½ große)

½ Bund Petersilie

Salz, Pfeffer

Schaum- oder Suppenkelle

Passiertuch aus Leinen

Das Gemüse waschen, putzen, die Karotten und den Sellerie schälen, und alles in kleine Stücke schneiden. Die Petersilie waschen, trockenschütteln und hacken.

Das Gemüse und die Petersilie in einen Topf geben und diesen mit etwa 3 l Wasser auffüllen. Dann das Wasser zum Kochen bringen und die Brühe zugedeckt bei mittlerer Temperatur etwa 40 Minuten langsam köcheln lassen. Wenn nötig, den Schaum der Bitterstoffe mit einer Schaum- oder Suppenkelle entfernen.

Danach die Brühe erst durch ein Sieb, dann durch ein feines Tuch in einen anderen Topf abseihen und nach Geschmack mit Salz und Pfeffer abschmecken. Das Gemüse als Suppeneinlage verwenden.

Die Gemüsebrühe entweder sofort servieren oder aufheben. Dann abkühlen lassen und sofort in ein luftdichtes Schraubglas füllen und im Kühlschrank lagern oder portionsweise einfrieren.

Haltbarkeit: gekühlt etwa 7 Tage, eingefroren etwa 3 Monate

Nährwert pro 100 ml:
4 kcal / 0 g E / 0 g F / 0 g KH

GEMÜSE-BRÜHPULVER

Für etwa 200 g Pulver

Zubereitungszeit: aktiv: 20 Min. / Trockenzeit: ca. 5 Stunden

2 Karotten

350 g Sellerieknolle

1 Stange Lauch

300 g Champignons

1 Zwiebel

1 mittleres Stück Ingwer (etwa 3 cm)

2 Knoblauchzehen

1 Bund Petersilie

80 g Salz

Gemüsehobel

Küchenmaschine oder Stabmixer

Den Ofen auf 80 °C Umluft vorheizen.

Das Gemüse waschen, putzen, die Karotten und den Sellerie schälen. Den Lauch fein würfeln. Die Karotten und den Sellerie mithilfe eines Gemüsehobels oder einer Küchenmaschine grob raspeln. Die Petersilie waschen, trockenschütteln und fein hacken.

Das Gemüse und die Petersilie auf mit Backpapier ausgelegte Backbleche verteilen und etwa 5 Stunden im Ofen trocknen.

Das getrocknete Gemüse herausnehmen, abkühlen lassen und mithilfe eines Stabmixers oder einer Küchenmaschine portionsweise fein mahlen. Das Gemüsepulver mit dem Salz mischen, in luftdichte Gefäße füllen und an einem dunklen Ort (Küchenschrank etc.) aufbewahren.

Zum Verwenden 1 EL Brühpulver in 250 ml Wasser aufkochen.

Haltbarkeit: gekühlt etwa 7 Tage, eingefroren etwa 3 Monate

TIPP

Dieses Brühpulver kann gut verwendet werden, um eine Gemüsebrühe für die passenden Rezepte aus diesem Buch herzustellen.

Nährwert pro 100 g:
215 kcal / 6 g E / 1 g F / 46 g KH

SAUERKRAUT
SELBER FERMENTIEREN

Für 8 Portionen

Zubereitungszeit: 30 Minuten / Einlegen: 3 Wochen

Für das Gewürzsalz:

1 TL Pfefferkörner

1 TL Senfkörner

1 EL Wacholderbeeren

1 Lorbeerblatt

1 EL Salz

1 Weißkohl

100 ml Salzwasser

Mörser (falls vorhanden)

Gemüsehobel

Kartoffelstampfer

Ton- oder Glasgefäß

Für das Gewürzsalz die Pfeffer- und die Senfkörner mit den Wacholderbeeren in einem Mörser oder mit der flachen Seite eines Messers zerdrücken. Das Lorbeerblatt in kleine Stücke brechen und mit den übrigen Gewürzen sowie dem Salz mischen. Den Kohl waschen, die harten Außenblätter abnehmen und diese aufbewahren. Dann den Kohlkopf vierteln, den Strunk entfernen und die Viertel mit einem Gemüsehobel in dünne Streifen hobeln.

Ein Ton- oder Glasgefäß oder einen Topf mit einem Kohlblatt auslegen, eine Schicht gehobelten Kohl einfüllen und diese mit einem Kartoffelstampfer sehr fest stampfen. Dann etwas Gewürzsalz aufstreuen und eine weitere Schicht Kohl hineingeben. Diese wieder fest stampfen, bis etwas Saft austritt. Das Schichten so oft wiederholen, bis der Kohl und das Gewürzsalz aufgebraucht sind. Die Oberfläche, auf der nun etwas Saft zu sehen sein sollte, mit dem zweiten Kohlblatt bedecken. Ist der Kohl nicht vollständig mit Saft bedeckt, noch mit etwas Salzwasser aufgießen. Anschließend einen Teller als Deckel auflegen und diesen mit einem etwa 1 kg schweren Gewicht (Stein, Buch oder Konservendose) beschweren.

Das Gefäß mit einem Tuch bedecken und zunächst 1 Woche bei Raumtemperatur an einem dunklen Ort (ohne direkte Lichteinstrahlung) stehen lassen.

Nach einer Woche das Sauerkraut-Gefäß öffnen und die trübe Flüssigkeit sowie den Schaum entfernen. Den Teller waschen, wieder auflegen und wie gehabt beschweren. Diesen Vorgang alle 4–5 Tage wiederholen.

Nach etwa 3 Wochen ist das Sauerkraut fertig und kann verbraucht oder weiter aufgehoben werden. Auch während des Verbrauchs jede Woche den Kraut-Behälter öffnen und die Oberfläche sowie den Teller säubern.

Haltbarkeit: etwa 1 Jahr

Nährwert pro Portion:
34 kcal / 4 g E / 0 g F / 2 g KH

MANDELMILCH

Für 1 Liter Mandelmilch

200 g Mandeln

Süße Variante:

1 TL Vanille-Extrakt

1 TL Honig

1 Prise Salz

Herzhafte Variante:

1 Prise Salz

1 TL Zitronensaft

Küchenmaschine oder Standmixer

Tuch zum Passieren

Zubereitungszeit: aktiv: 15 Min. / Einweichen: ca 12 Stunden

Die Mandeln in einem Sieb unter fließendem Wasser gut abspülen und in eine große Schüssel oder Karaffe mit etwa 1 l Wasser geben. Mit einem Küchentuch oder Deckel abdecken und mindestens 12 Stunden (nicht länger als 18 Stunden) einweichen lassen.

Die eingeweichten Mandeln in einem Sieb abspülen und abtropfen lassen. Die Mandeln mit 1 l frischem Wasser und – je nach Variante – mit den Gewürzen in der Küchenmaschine oder im Standmixer auf höchster Stufe pürieren.

Die Mandelmilch mit den Nussresten durch ein feines Tuch in eine Schüssel oder Karaffe abseihen. Dabei die Nussreste sorgfältig auspressen.

Die Mandelmilch entweder sofort verzehren oder in einem luftdicht verschlossenen Gefäß im Kühlschrank aufbewahren.

Haltbarkeit: gekühlt bis zu 4 Tage

TIPP

Die übrigen Nüsse kannst du zum Backen verwenden.

Nährwert pro 100 ml:
37 kcal / 1 g E / 3 g F / 2 g KH

APFELMUS

Für 4 Portionen

5 Äpfel

1 EL Honig

½ TL Zimt

1 TL Zitronensaft

1 Prise geriebene Muskatnuss

Wer mag, zusätzlich:

1 mittleres Stück Ingwer (etwa 3 cm)

Kartoffelstampfer

Zubereitungszeit: aktiv: 15 Minuten / gesamt: 35 Minuten

Die Äpfel schälen, vom Kerngehäuse befreien und würfeln.

Die Apfelwürfel mit 180 ml Wasser und den übrigen Zutaten in einem Topf unter Rühren zum Kochen bringen. Dann zugedeckt bei mittlerer Temperatur etwa 15–20 Minuten köcheln lassen. Dabei ab und zu umrühren.

Sind die Äpfel weich, den Topf vom Herd nehmen und die Äpfel mit einem Kartoffelstampfer je nach Geschmack zu stückigem oder feinem Mus stampfen. Das Apfelmus noch warm servieren, im Kühlschrank aufbewahren oder haltbar machen (s.u.).

TIPP

Um Apfelmus haltbar zu machen, kannst du es entweder einfrieren oder sofort in vorher heiß ausgespülte Twist-Off-Gläser füllen und diese 5 Minuten zum Vakuumieren auf den Kopf stellen.

Haltbarkeit: tiefgekühlt etwa 3 Monate, eingemacht etwa ½ Jahr

DAZU PASST

Kokosbrot (S. 23), Kaiserschmarrn (S. 182), Sellerierösti (S. 34)

Nährwert pro Portion:
134 kcal / 1 g E / 0 g F / 32 g KH

TIPP

—

NACH DEM GLEICHEN PRINZIP KANNST DU AUCH BANANEN-, PFIRSICH-, PFLAUMENMUS O.Ä. HERSTELLEN.

PALEO

DER LIFESTYLE

EINLEITUNG

DER PALEO-LIFESTYLE

Bei Paleo geht es um mehr als die Ernährung: Paleo ist ein Lifestyle! Warum? Weil wir nicht nur anders essen als unsere Vorfahren, sondern wir bewegen uns auch anders, schlafen unter anderen Bedingungen und sind anderen Umwelteinflüssen ausgesetzt.

Neben den positiven Aspekten des Fortschritts, wie verbesserter Hygiene, lebensrettender Medizin oder technischen Hilfsmitteln, die uns das Leben erleichtern, gibt es leider viele **negative Begleiterscheinungen** des rasend voranschreitenden kulturellen Wandels. So hat sich heute vieles drastisch von dem entfernt, wofür unsere Körper durch die Evolution optimiert wurden.

Hierbei müssen wir nicht einmal so weit in die Vergangenheit zurückgehen: Unsere Schlafgewohnheiten haben sich erst mit Erfindung der Glühbirne vor nicht einmal 150 Jahren dramatisch geändert. Unser Stresslevel ist seit der industriellen Revolution und speziell seit dem rapiden Fortschritt der Elektronik der letzten 20 Jahre immens angestiegen. Das ständige Sitzen im Büro mit starrem Blick auf unsere Bildschirme ist erst seit Kurzem Teil unseres Alltags geworden. Das sind große Veränderungen in einer sehr kurzen Zeit!

Kein Wunder, dass wir mit diesem – für die Evolutionsgeschichte erst kürzlich – veränderten Lebensstil nicht gut klar kommen. Körper, Geist und Seele geben uns Zeichen, die wir nicht ignorieren sollten: Rückenschmerzen, zunehmende chronische Krankheiten, Burnout, Depressionen, Schlafstörungen – um nur die Bekanntesten zu nennen. Persönlich haben wir gemerkt: Das kritische Hinterfragen des »Fortschritts« lässt sich auf viele andere Bereiche

übertragen. Wir möchten dich dazu inspirieren, deinen Alltag mit Blick auf die Evolution zu betrachten. Für was sind wir eigentlich gemacht und wie sieht unser heutiges Leben, sowohl in Quantität als auch in Qualität, aus? Bewegung, Schlaf, Stress, Zeit in der Natur, soziale Interaktion ... Plötzlich wird klar: Wir haben uns in kurzer Zeit eine Welt geschaffen, die nicht (mehr) **unseren ursprünglichen Bedürfnissen** entspricht. Natürlich geht es uns nicht darum, die Vorzüge des modernen Lebens komplett zu verurteilen. Auch wollen wir nicht zurück in die Höhle ziehen. Dennoch rufen wir dich dazu auf, die »Paleo-Brille« auszuprobieren und Prioritäten zu setzen, um langfristig gesund und glücklich leben zu können.

EAT
REAL FOOD

ECHTE LEBENSMITTEL ALS GRUNDLAGE UNSERER GESUNDHEIT

Für alle, die weder unser erstes Buch noch unsere Website kennen, hier die Grundlagen der Paleo-Ernährung.

Grundlagen: Die Paleo-Ernährung basiert auf natürlichen und unverarbeiteten Lebensmitteln, die in einer ähnlichen Form auch schon während der 2,5 Millionen Jahre langen Evolution für die Jäger und Sammler verfügbar waren. Paleo verzichtet auf alle stark verarbeiteten und potenziell gesundheitsschädlichen Lebensmittel, die erst mit der Einführung von Ackerbau und Viehzucht (vor etwa 5.000–10.000 Jahren) und verstärkt mit der industriellen Revolution verfügbar wurden.

Ziele: Eine »artgerechte« Ernährung für den Menschen mit optimaler Nährstoffversorgung, Verbesserung von ernährungsbedingten Krankheitsbildern, nachhaltige Bekämpfung und Vermeidung von Übergewicht.

30 Tage (oder mehr) strikte Paleo-Ernährung können helfen, die Reaktion des eigenen Körpers auf bestimmte Lebensmittel kennenzulernen und einmal den **»sauberen« Zustand** zu erreichen. Paleo bietet die Grundlage, um die eigene »optimale« Ernährung zu finden.

MEHR INFOS AUF UNSERER WEBSITE
WWW PALEO 360.DE
UND IM BUCH
PALEO POWER FOR LIFE

Dafür sind wir gemacht: Unverarbeitete, frische und natürliche Lebensmittel.

So sieht der Alltag aus: Fast Food und stark verarbeitete Lebensmittel (Convenience Food) voller Zucker und Zusatzstoffe.

DAS IST PALEO

Gemüse: in allen Variationen, sollte reichlich verzehrt werden.

Obst: sollte mit Bedacht konsumiert werden. Wir empfehlen die Reduktion stark zuckerhaltiger Früchte, vor allem für Menschen mit Gewichts- und Blutzuckerproblemen.

Fleisch: aus artgerechter und natürlicher Haltung, wie weidegefütterte Rinder und Schafe, freilaufende Hühner und Schweine sowie Wild. Vermieden werden sollte Fleisch aus konventioneller Massentierhaltung.

Fisch: nachhaltig gefangene Fische und Meeresfrüchte, wie Wildfang oder aus Bio-Aquakulturen.

Eier: von freilaufenden (Bio-)Hühnern.

Nüsse und Samen: prinzipiell gesund, sollten aber aufgrund von Energiedichte, Fettsäureprofil und Antinährstoffen nicht in Massen konsumiert werden.

Öle und Fette: tierische Fette (z. B. Ghee) und ausgewählte Pflanzenfette wie kalt gepresstes Oliven- und Kokosöl gehören in jede Paleo-Küche.

DAS IST AUCH PALEO

Viel Wasser und Tee, ab und an Kaffee, zurückhaltend süßen mit Honig oder Ahornsirup, salzen in Maßen, würzen mit frischen und getrockneten Kräutern, ein wenig dunkle Schokolade am Abend.

DARAUF SOLLTEST DU AUCH VERZICHTEN

Süßigkeiten, Alkohol, Softdrinks und Saftschorlen, alle Arten von Geschmacksverstärkern und künstlichen Zusatzstoffen, verarbeitete Fleisch- und Wurstwaren (beinhalten meist Zucker und Zusatzstoffe).

DAS IST NICHT PALEO

Getreideprodukte: wie Brot, Nudeln, Pizza usw. Fast alle Getreidesorten – auch Vollkorn – enthalten Antinährstoffe (Gluten, Lektine, Phytate …) und nach starker Verarbeitung viele leicht verwertbare Kohlenhydrate. Daher kann Getreidekonsum das Risiko für chronische Entzündungen, Auto-Immunreaktionen, Diabetes und Fettleibigkeit erhöhen.

Hülsenfrüchte: Alle Formen von Bohnen – auch Erdnüsse und Sojabohnen – enthalten wie Getreide große Mengen an Antinährstoffen und viele Kohlenhydrate bei geringer Nährstoffdichte.

Milchprodukte: Milchzucker (Lactose), Milchproteine und Hormone aus der Milch können bei vielen Menschen gesundheitliche Probleme hervorrufen. Bei guter Verträglichkeit können hochqualitative (Roh-) Milchprodukte langfristig wieder eingeführt werden.

Zucker und künstliche Süßstoffe: Verursacher von Diabetes und Übergewicht. Alle raffinierten Zucker und künstlichen Ersatzstoffe sollten gemieden werden.

Raffinierte Pflanzenöle und Fette: Margarine, Sonnenblumenöl, Rapsöl und Co. sind stark verarbeitet, oxidieren schnell und haben meist ein ungünstiges Fettsäureverhältnis.

VARIATIONEN FÜR DEINE CHALLENGE

Du kannst die klassischen Paleo-Regeln natürlich nach deinen persönlichen Bedürfnissen variieren. Je nach körperlicher Aktivität, Unverträglichkeiten oder persönlichen Zielen bieten sich folgende Variationen an:

Aktiv: Weißer Reis und Kartoffeln sind erlaubt, als günstige Quelle von Kohlenhydraten für alle Personen mit einem erhöhten Energiebedarf, zum Beispiel wenn du Sportler bist. Diese enthalten zwar viele Kohlenhydrate, aber keine Antinährstoffe.

Abnehmen: Ausschluss von stärkehaltigem Gemüse, wie z. B. Süßkartoffeln und Kürbis, sowie stark zuckerhaltigen Früchten, wie Bananen und Mangos, für eine reduzierte Insulinausschüttung und damit bessere Fettverbrennung. Gegebenenfalls auch weniger Paleo-Süßungsmittel (Honig, Ahornsirup) verwenden.

Autoimmunerkrankungen behandeln: Verzicht auf alle Lebensmittel, die nicht im Autoimmunprotokoll enthalten sind, also Nüsse, Samen, Eier, Nachtschattengewächse … Damit werden alle Stoffe eliminiert, die entsprechende Reaktionen auslösen können.

PALEO
360
WÄHREND DEINER
CHALLENGE
SOLLTEST DU DICH
100% PALEO
ERNÄHREN

MOVE
NATURALLY

WIR SIND FÜR NATÜRLICHE BEWEGUNG GEMACHT

Dafür sind wir gemacht: viel Bewegung an der frischen Luft, komplexe, praktisch orientierte Bewegungsabläufe, Überwinden langer Distanzen zu Fuß.

So sieht der Alltag aus: Aufzug, Auto, Schreibtisch, Lieferservice, Couch – Bewegung ist Mangelware.

Ob aufrechter Gang, Sprint oder komplexe Bewegungsmuster beim Werfen, Springen, Heben und Schwimmen ... Wir sind ein Wunderwerk der Evolution. Aber wir sind nicht nur fähig, diese Bewegungen auszuführen, sondern brauchen die Bewegung für dauerhafte körperliche und geistige Gesundheit. Ohne regelmäßige körperliche Beanspruchung verkümmern Muskeln, Sehnen, Knochen sowie Gelenke, und es leiden essenzielle Gehirnfunktionen. Bewegungsmangel steht auch mit erhöhtem Risiko für Diabetes, Herz-Kreislauf-Krankheiten, Bluthochdruck und Übergewicht in Zusammenhang.

DAS IST NICHT PALEO

Leider führt unser »Fortschritt« dazu, dass wir körperliche Beanspruchung und natürliche Bewegungsmuster fast vollständig aus unserem Alltag verbannen. Statt zu gehen fahren wir, statt körperlich zu arbeiten sitzen die meisten von uns. Doch auf einem Stuhl zu sitzen ist eine sehr unnatürliche Körperhaltung für den Menschen, der etwa 2,5 Millionen Jahre den Tag über stehend, laufend, in der Hocke oder liegend verbracht hat.

Unser Umfeld macht es uns extrem leicht, durch den Alltag zu kommen, ohne einmal den Puls zu erhöhen. So legen viele mittlerweile weniger als 500 Meter am Tag zu Fuß zurück. Das ist nichts im Vergleich zu den 10–15 Kilometern, die ein typischer Jäger und Sammler des Paläolithikums gelaufen ist. Das Problem: Unser Körper hat sich in keinster Weise an diese erst seit wenigen Jahrzehnten vorherrschenden Bedingungen angepasst. Kein Wunder, dass wir mit gesundheitlichen Problemen zu kämpfen haben.

DAS IST PALEO

Inspiration für Challenge und Alltag

- **Intensives Workout:** CrossFit®, Laufen, Klettern, MovNat®, Gewichtheben, Training mit dem eigenen Körpergewicht, Rudern, Fitness-Parcours in Parks nutzen
- **Lockere Bewegung:** Spazieren gehen, Wandern, entspanntes Fahrradfahren oder Schwimmen

Reduziere die Zeit im Sitzen

- Lege regelmäßige »Sitzpausen« ein, wie alle 20–30 Minuten aufstehen und kurz körperlich betätigen, zum Beispiel Treppen steigen, Kniebeuge, schwere Dinge heben ...
- Halte Meetings im Stehen oder beim Spazierengehen ab.
- Schaffe dir einen höhenverstellbaren Schreibtisch an, so kannst du deine Arbeitsposition häufig wechseln.

- Gehe kurze Strecken zu Fuß und lass das Auto öfter mal stehen.
- Verbringe Ruhepausen in der tiefen Hocke (»Squatting«). Das verbessert Haltung und Beweglichkeit und ist gemütlicher als es aussieht.
- Sitze lieber auf dem Boden als auf dem Stuhl.

FÜHRE MÖGLICHST VIELE NATÜRLICHE, FUNKTIONELLE BEWEGUNGEN AUS

Dass wir uns mehr bewegen müssen, sollte mittlerweile jedem klar geworden sein. Stellt sich also die Frage nach dem »Wie?«. Die volle Bandbreite der natürlichen, menschlichen Bewegungsfähigkeiten deckt vor allem Gehen, Laufen, Balancieren, Springen, Klettern, Schwimmen, Kämpfen, Heben, Tragen, Werfen und Fangen ab. Diese natürlichen Bewegungsabläufe kannst du entweder spielerisch in deinen Alltag integrieren oder im Rahmen von passenden Fitnesskonzepten, wie MovNat®, CrossFit® oder funktionellem Training mit dem eigenen Körpergewicht, unter professioneller Anleitung praktizieren.

Mein Sport- und Bewegungsplan (Beispiel):

MO	Intensives Training mit dem eigenen Körpergewicht
DI	30–60 Minuten zügig spazieren gehen
MI	30 Minuten Schwimmen
DO	30 Minuten lockeres Laufen mit 2–3 Sprints unter Maximalbelastung
FR	Pause, Spazierengehen oder lockeres Fahrradfahren
SA	1 Stunde Yoga
SO	3–5 Stunden Wandern

Doch was ist das richtige Maß? Und in welchem Bereich der Anstrengung? Übermäßiges, intensives und zu häufiges Cardio-Training kann Stress auf unser Herz-Kreislauf-System ausüben, Heißhunger-Attacken auslösen und dazu führen, dass Abnehmversuche scheitern. Auch das ständige Krafttraining mit (zu) hohen Gewichten ist nicht für jeden geeignet. Wie immer: Die Mischung aus intensiven Workouts, wie kardiovaskulären Belastungen (Herz-Kreislauf-Training) oder Krafttraining, und lockerer Bewegung ist ideal. Am besten stellst du dir vor der Challenge deinen persönlichen Sport- und Bewegungsplan zusammen.

Egal, was du auswählst: Wichtig ist, dass du dich **langsam steigerst** und nicht untrainiert in die volle Belastung gehst. Hier spielen dein persönlicher Fitnesszustand und gesundheitliche Störungen des Bewegungsapparats eine große Rolle. Wer 60 Stunden pro Woche in seinem Schreibtischstuhl »klebt« und Sport nur aus dem Fernsehen kennt, sollte nicht plötzlich einen Halbmarathon laufen oder 100 kg schwere Gewichte stemmen. Dies kann zu schwereren Verletzungen führen, wenn der Körper die Beanspruchung einfach nicht mehr gewöhnt ist.

Auch sollte Sport keine Pflichteinheit an Maschinen mit unnatürlichen Bewegungsabläufen in überfüllten Fitnessstudios sein, sondern spielerisch, kreativ und funktionell unseren Alltag bereichern. Hast du nur wenig Zeit für Bewegung in deinem Arbeitsalltag, macht das Terminieren von Bewegungseinheiten Sinn. Suche dir Bewegungsformen aus, die dir wirklich Spaß machen. Wer sich täglich überwinden muss, hält regelmäßiges Bewegen nicht lange durch.

PALEO 360
WÄHREND DEINER CHALLENGE SOLLTEST DU DICH
MIND. 15 MIN. TÄGLICH
SPORTLICH BETÄTIGEN

TIPP

—

WIR EMPFEHLEN, MÖGLICHST VIEL NATÜRLICHE BEWEGUNGSABLÄUFE IN DEN ALLTAG EINZUBAUEN, WIE TREPPENSTEIGEN, EINE HALTESTELLE FRÜHER AUS DEM BUS AUSSTEIGEN UND LAUFEN, SCHWERE DINGE HEBEN USW.

SLEEP
TO RECOVER

ENERGIE FÜR DEN TAG DURCH ERHOLSAMEN SCHLAF

Dafür sind wir gemacht: Schlafen und Aufwachen im Rhythmus der Sonne.

So sieht der Alltag aus: Langes Wachbleiben mit künstlichen Lichtquellen, Einschlafprobleme und kurze Schlafphasen.

Erholsamer und ausreichender Schlaf erhöht nachgewiesener Maßen die Gehirnleistung, unterstützt das Muskelwachstum in den Erholungsphasen, fördert den Fettabbau, lässt uns besser aussehen und länger leben. Der Körper regeneriert sich, Zellen werden erneuert, Erfahrungen verarbeitet und Organe haben die Möglichkeit, sich zu erholen.

DAS IST NICHT PALEO

Nikotin oder Alkohol, Lärm, künstliche Lichtquellen, falsche Ernährung oder eine unpassende Schlafumgebung haben negativen Einfluss auf Qualität und Quantität unseres Schlafes, etwa jeder vierte Deutsche berichtet von Schlafstörungen. Wird nicht ausreichend oder erholsam geschlafen, so hat dies negative Auswirkungen auf unseren Körper. Der Blutzuckerspiegel schwankt, die für die Fettverbrennung relevanten Hormone verlieren an Wirksamkeit, der Stoffwechsel wird gestört und es erfolgt eine verstärkte Ausschüttung des Stresshormons Cortisol. Auch Heißhungerattacken können die Folge von Schlafmangel sein. Eine Nacht ohne oder mit schlechtem Schlaf macht uns so Insulin-resistent wie einen Typ-2-Diabetiker. Empfehlungen reichen von mindestens **7 bis zu 8 Stunden Schlaf pro Nacht**, stark abhängig vom Alter und körperlicher Aktivität.

Aber nicht nur die Quantität, auch die Qualität des Schlafs spielt eine entscheidende Rolle.

DAS IST PALEO

Vermeide künstliches Licht am Abend

2,5 Millionen Jahre lang sind wir mit dem Sonnenuntergang schlafen gegangen und zum Sonnenaufgang aufgestanden. Unsere innere Uhr ist perfekt an den natürlichen Tagesrhythmus angepasst. Dank elektrischem Licht sind wir mittlerweile selbst Herr über hell und dunkel. Allerdings tun wir uns damit nicht immer einen Gefallen. Ständige Helligkeit durch Lampen, Computer, Fernseher und Handys bis in die späten Abendstunden trickst unsere biologische Uhr aus. Besonders das künstliche »blaue Licht« aus diesen Quellen hemmt die Ausschüttung des für die Müdigkeit relevanten Hormons Melatonin und lässt uns schlecht einschlafen. Deshalb:

- Dunkle dein Schlafzimmer komplett ab: Achte auf dichte Vorhänge, keine blinkenden Wecker, kein Licht durch den Türspalt, keine aufleuchtenden Handys usw. Zur Not hilft einfach eine Schlafmaske.
- Vermeide in der letzten Stunde vor dem Schlafengehen Kontakt zu Bildschirmen und Fernsehern.
- Gehe regelmäßig, zur gleichen Zeit ins Bett: 1–2 Stunden nach Sonnenuntergang (im Sommer) oder 4–5 Stunden nach Sonnenuntergang (im Winter) ist ideal.

Reduziere Alltagsstress

Alltagsstress hält uns wach! Evolutionsbedingt haben wir in stressigen und lebensbedrohlichen Situationen einen leichteren Schlaf und werden schneller wach. Heutzutage gibt es diese Bedrohungen zum Glück nicht mehr, der chronische Alltagsstress und die alltägliche Überlastung haben aber dennoch negativen Einfluss auf Schlafdauer und -qualität.

Vermeide daher möglichst länger anhaltenden Stress. Beschäftige dich unmittelbar vor dem Schlafengehen nicht (mehr) mit deinen Alltagsproblemen.

TIPP

Das Wichtigste von allem ist: Gib deinem Schlaf die richtige Priorität. Denn auch wenn du mit weniger Schlaf »über die Runden kommst«, so sorgt ausreichend guter Schlaf für eine hohe Lebensqualität, bessere Leistungsfähigkeit und langfristige Gesundheit.

Finde gesunde Rituale

- Der menschliche Körper ist daran gewöhnt, **ein paar Grad unter der durchschnittlichen Tagestemperatur** zu schlafen. Unsere heute tagsüber übliche Raumtemperatur ist 22 °C, daher sollte dein Schlafzimmer nur 16–20 °C warm sein.
- **Schlafe lieber bei offenem Fenster** und verwende statt der Heizung eine dickere Decke.
- Deine **letzte Mahlzeit** solltest du idealerweise 2–3 Stunden vor dem Schlafen einnehmen, da dich auch ein erhöhter Blutzuckerspiegel und die Verdauungstätigkeit vom Einschlafen abhalten können.
- Minimiere deinen **Alkoholkonsum** generell und besonders vor dem Schlafengehen: Alkohol ist – entgegen der Meinung vieler – keine Einschlafhilfe, denn er senkt die Qualität des Schlafes deutlich. Bier, Wein und Co. haben einen stimulierenden Effekt auf den Metabolismus, der später in der Nacht eintritt.
- Fahre deine **körperliche Aktivität** herunter: Vor allem in den letzten 2–3 Stunden vor dem Schlafen solltest du keine körperliche Anstrengung mehr betreiben, da so Stresshormone produziert werden, die dich vom Schlafen abhalten.
- Vorsicht bei koffeinhaltigen Getränken: 1–2 Tassen am Tag sind bereits viel. Konsumiere die letzte Ladung Kaffee also so früh wie möglich, schließlich kann es bis zu 6 Stunden dauern, bis das Koffein komplett abgebaut ist.

PALEO 360
WÄHREND DEINER CHALLENGE SOLLTEST DU DIR MIND. 7 1/2 STD. ZEIT ZUM SCHLAFEN GEBEN

FEEL
YOUR INSTINCTS

Dafür sind wir gemacht: Seltene aber intensive Stressmomente, lange Phasen der Regeneration und Erholung, viel frische Luft, Tageslicht und Ruhe.

So sieht der Alltag aus: Chronischer Alltagsstress ohne Pausen, wenig Zeit im Freien, leben und arbeiten in lauten Städten.

Unsere Vorfahren machten uns einen deutlich entspannteren Lebensstil vor. Sie lebten in kleineren Gruppen zusammen, waren ständig bei jedem Wetter in der Natur und pflegten Rituale untereinander. Nach körperlicher Arbeit wurde sich oft stundenlang ausgeruht oder Zeit mit »**Nichtstun**« verbracht. Stressmomente durch Gefahrensituationen waren kurz und intensiv, nicht dauerhaft und chronisch wie

heute. Stress an sich ist also nicht das Problem: Tatsächlich können wir mit akutem, kurz anhaltendem Stress gut umgehen, er macht uns kurzfristig sogar leistungsfähiger und konzentrierter.

DAS IST NICHT PALEO

Heutzutage befinden wir uns häufig im **Dauerstress**: Wir haben den Anspruch, immer mehr Dinge schneller und effizienter zu erledigen, sei es ein dringender Abgabetermin in der Arbeit, Fahrten durch Verkehrsstaus oder ein hektischer Einkauf im Supermarkt, der bald schließt ... Wir bewegen uns dauernd in Hektik und sind dabei – dank mobiler Endgeräte – nahezu immer erreichbar. Wir selbst und unsere Umgebung leiden darunter, ruhige Momente für uns selbst, mit der Familie und Freunden kommen zu kurz. So fördert dieser chronische Stress dauerhaft die Produktion des Stresshormons Cortisol und bringt damit unseren Hormonhaushalt langfristig durcheinander. Das wiederum hat negative Auswirkungen auf Bluthochdruck, Immunsystem, Fettverbrennung und Verdauung.

DAS IST PALEO

Stress minimieren – Lebensqualität maximieren

Stressreduktion und Entschleunigung haben einen wesentlichen Einfluss auf deine Gesundheit. Wir empfehlen dir deshalb, aktiv Zeit für Entspannung in deinen Alltag einzuplanen. Blocke dir Zeiten in deinem Kalender! Verbringe bewusst Zeit mit Menschen, die dir am Herzen liegen oder genieße auch mal »Alleinzeit«.

Tipps für mehr »Quality Time«

- Plane aktiv Zeiten für entspannende Tätigkeiten, Ruhephasen und Momente in der Natur ein.
- Vermeide Multitasking: Nicht essen, telefonieren und gleichzeitig fernsehen.
- Such dir ein entspannendes Hobby, wie Stricken, Malen, Musizieren oder Puzzeln.
- Stelle dein Handy am frühen Abend aus und verhindere so den Stress durch ständige Erreichbarkeit.
- Konzentriere dich auf deine wahren Freundschaften und pflege sie aktiv. Nimm dir z. B. vor, dich einmal pro Woche bei einem Freund zu melden.
- Verbringe Zeit mit Leuten, die dich inspirieren und faszinieren und von denen du lernen kannst.

Vertrau deinem Bauchgefühl!

MEHR SONNE, LICHT UND WÄRME

Bei Sonnenschein stehen wir leichter auf, sind besser gelaunt, zuversichtlicher und ausgeglichen. Woher kommt das Hochgefühl? Durch **Vitamin D**, ein Hormon, das wir selbst mithilfe der Sonne in unserer Haut herstellen können. Das »Sonnenhormon« wird von allen Zellen für einen geregelten Stoffwechsel benötigt und entsprechend vielfältig sind seine positiven Wirkungen. Mehr als 2000 Gene werden von Vitamin D beeinflusst, es trägt erheblich zu Zellwachstum und Zellerneuerung bei und hat vorbeugende Wirkung gegen viele Krankheiten wie Diabetes, Herz-Kreislauf-Erkrankungen, Krebs, Multiple Sklerose oder Demenz. Leider hat mehr als die Hälfte der Bevölkerung sogar im Sommer einen Vitamin-D-Mangel. Viel Zeit in geschlossenen Räumen und eine übertriebene Angst vor Sonnenbrand sind die Ursachen.

- **Sonne genießen – Sonnenbrand vermeiden:** Entscheidend für die Vitamin-D-Produktion ist, möglichst regelmäßig in die Sonne zu gehen, viel Haut zu zeigen und rechtzeitig aus der Sonne zu verschwinden, bevor es einen Sonnenbrand gibt. Für die genaue Dauer lässt sich keine definitive Aussage treffen. Der Hauttyp, die Jahreszeit, die Tageszeit, die Kleidung und die Nutzung von Sonnencreme (verhindert die Vitamin-D-Produktion) spielen eine Rolle. Sich tagsüber dem Sonnenlicht auszusetzen hilft außerdem, unseren Schlaf-Wach-Rhythmus zu regulieren, und lässt uns abends besser einschlafen.
- **Mehr Zeit in der Natur verbringen:** Unsere Sinne sind daran gewöhnt, dass wir den ganzen Tag lang in der Natur sind. Stattdessen wollen wir uns nicht schmutzig machen und ziehen eine sterile Umgebung einer natürlichen oft sogar vor. Unser Immunsystem allerdings leidet unter dieser keimfreien Umgebung und oft reicht schon ein kleiner Virenangriff, um uns außer Gefecht zu setzen. Zeit in der Natur, weg von der Überstrapazierung unserer Sinne in unserem modernen Leben, hat nachweislich positive Effekte auf unsere Gesundheit. Unser Puls, das Stresslevel und der Blutdruck fallen, wenn wir Zeit in der Natur verbringen – egal ob in der Nähe von Bergen, dem Meer, Seen oder Wäldern.

Tipps für mehr Zeit in der Natur

- Gehe möglichst jeden Tag raus. Wenn das Wetter nicht mitspielt, schnapp dir deine Regenjacke und geh wenigstens kurz spazieren.
- Eine Laufrunde im Park am frühen Morgen macht wach und bereitet dich ideal auf den Tag vor.
- Versuche Mittag- und Abendessen draußen einzunehmen.
- Nutze freie Tage für Ausflüge an den See, in die Berge oder ans Meer.

PALEO 360
WÄHREND DEINER CHALLENGE SOLLTEST DU DIR
1 STUNDE QUALITY TIME AM TAG NEHMEN

NOCH MEHR
GESUNDE RITUALE

PALEO 360
WÄHLE AUS DIESER LISTE DEINE PLUS CHALLENGE

Alle Paleo-Profis, die noch einen Schritt weiter gehen und noch mehr gesunde Gewohnheiten in ihrem Alltag etablieren wollen, werden in dieser Liste fündig: Basierend auf unseren persönlichen Erfahrungen haben wir Gewohnheiten aufgelistet, die einen **positiven Einfluss auf dein Wohlbefinden** haben und dafür sorgen, dass deine Challenge nie langweilig wird.

Koffeinpause: Kaffee und Co. in Maßen sind nicht ungesund per se, dennoch macht es ab und an Sinn, eine Koffeinpause einzulegen.

Wasser mit Zitrone: Ein großes Glas Wasser mit einem Schuss Zitronensaft am Morgen regt deine Verdauung an und aktiviert die Organe.

3 Liter trinken: Viel Wasser oder Tee über den Tag verteilt gibt deinem Körper ausreichend Flüssigkeit und dämpft den Heißhunger.

Kalt duschen: 30 Sekunden fördern die Durchblutung und sorgen für positiven Stress im Körper. Danach bist du garantiert wach.

Treppe statt Fahrstuhl: Oft gehört, selten umgesetzt, aber unglaublich wirkungsvoll. Wenn man sich schon aktiv Zeit für Sport am Tag nimmt, warum dann Zeit im Fahrstuhl verbringen, wenn man auch die Treppe laufen kann.

Tagebuch schreiben: Die tägliche Reflektion deiner Challenge ist vielleicht etwas ungewohnt, hilft aber sehr. Die Dokumentation der Auswirkungen auf dein Körper- und Wohlbefinden steigert die Motivation und hilft dir zu erkennen, was wirklich wichtig ist.

Meditieren: 10 Minuten in Ruhe deine Gedanken beobachten ohne jegliche Ablenkung. Es muss ja nicht gleich die völlige Gedankenlosigkeit erreicht werden.

Handy aus am Abend: Schalte die letzten 2–3 Stunden vor dem Schlafengehen dein Handy aus und befreie dich damit gleichzeitig von externen Stressfaktoren und einer künstlichen Lichtquelle.

Spaziergang am Abend: Nach dem Abendessen in der Dämmerung oder der Dunkelheit gemütlich spazieren gehen hilft, dich von den Gedanken des Tages zu befreien, und bereitet deinen Körper auf die Nacht vor.

Tee am Abend: Statt Wein oder Bier einfach mal einen leckeren Tee kochen und den Geschmack bewusst genießen.

10 Minuten Stretching und Mobilisation: Dehnen und mobilisieren hilft den negativen Folgen des vielen Sitzens und der einseitigen Bewegungsmuster aus dem Alltag entgegenzuwirken.

30 Minuten täglich an die frische Luft: Egal, ob zu Fuß oder mit dem Rad, morgens zur Arbeit oder abends einen Spaziergang. Zeit draußen entspannt und hilft dir, abends besser einzuschlafen.

Zahnseide benutzen: Auch wenn man durch die Paleo-Ernährung schon viel für die Zahngesundheit tut, so ist die tägliche Benutzung von Zahnseide sehr effektiv.

DANKE!

Unser Dank geht vor allem an unsere fantastische Paleo360°-Community: Ihr seid einfach toll! Ob als Kommentare unter unseren Blogposts, auf Facebook oder persönlich per E-Mail: Euer Feedback wird von uns sehr geschätzt. Ein besonderer Dank geht an all die Testkocher unter euch, die durch ihr ausführliches Feedback geholfen haben, unseren Rezepten den letzten Schliff zu geben.

Ein dickes Dankeschön auch an alle unsere Freunde, die uns mit ihrem Fachwissen zum Paleo-Lifestyle unterstützt haben: Christina Fisch, Anna Martin, Jana Miksch, Lars Müller, Malika Stenger (ganz besonders), Markus Drechsler, Leo Marose, Marco Montanez, Mark Poppenborg und Bernd Reicheneder.

Es ist der regelmäßige Austausch mit euch allen, der uns täglich motiviert! Gemeinsam schaffen wir es, auch die größten Skeptiker zu überzeugen: Paleo ist weit mehr als eine Ernährungsform – es ist der einzige Lifestyle, der uns im Einklang mit unseren Genen langfristig gesund und glücklich macht.

IMPRESSUM

Produktmanagement: Eva M. Salzgeber

Textredaktion: Manuela Krämer M. A.

Korrektur: Susanne Langer

Layout und Satz: 10takel design

Umschlaggestaltung: Eva M. Salzgeber

Repro: Repro Ludwig, Zell am See

Herstellung: Bettina Schippel

Text und Rezepte:
Nico Richter und Michaela Schneider

Fotografie: Silvio Knezevic

Illustrationen: 10takel design

Nährwertberechnungen: Susanne Gottschlich

Printed in Italy by: Printer Trento

Unser komplettes Programm finden Sie unter:

www.christian-verlag.de

Alle Angaben dieses Werkes wurden von den Autoren sorgfältig recherchiert und auf den neuesten Stand gebracht sowie vom Verlag geprüft. Für die Richtigkeit der Angaben kann jedoch keine Haftung übernommen werden.

Die Deutsche Nationalbibliothek verzeichnet diese Publikation in der Deutschen Nationalbibliografie; detaillierte bibliografische Daten sind im Internet über http://dnb.d-nb.de abrufbar.

ISBN 978-3-86244-754-1

* * * * *

Sind Sie mit diesem Titel zufrieden? Dann würden wir uns über Ihre Weiterempfehlung freuen. Erzählen Sie es im Freundeskreis, berichten Sie Ihrem Buchhändler oder bewerten Sie bei Onlinekauf. Und wenn Sie Kritik, Korrekturen, Aktualisierungen haben, freuen wir uns über Ihre Nachricht an:

Christian Verlag, Postfach 40 02 09, D-80702 München

oder per E-Mail an: lektorat@verlagshaus.de

Ein Dankeschön auch an alle Partner, die uns bei der Produktion unterstützt haben:

Bianco GmbH & Co. KG,
www.bianco-power.com

iSi Deutschland GmbH,
www.isideutschland.de

Lunch-Bots Europa,
www.lunchbots.de

ZWILLING
J. A. Henckels AG,
www.zwilling.com